胡思敬 原著　蔡登山 主編

晚清政壇見聞錄

國聞備乘

導讀：胡思敬和《國聞備乘》

蔡登山

胡思敬，字漱唐，晚號退廬居士。江西宜豐人。生於清同治八年（一八六九）。祖上三代皆為舉人。他自幼隨父就學，就讀於治陽胡氏家塾。不久入南昌經訓書院肄業四年。光緒十九年（一八九三）中舉，次年成進士。後選取翰林院庶起士，戊戌散館，改吏部考功司主事。宣統元年（一九〇八）才由人推薦任遼瀋道監察御史，轉掌廣東道監察御史。

胡思敬為官廉正，忠於職守。他不畏權貴，對權奸、貪吏、妖人、宂黨無不指名彈劾。任職不及三年，共上疏四十八次。曾上疏彈劾受清廷重用的兩江總督端方、兩廣總督袁樹勛、尚書載澤、善耆、徐世昌、四川總督趙爾巽等多名權臣。宣統三年（一九一一）三月，憤於其言不被用，乃掛冠離京，定居南昌，潛心著作，校輯圖書。

民國初年，江西學術界公推他為江西省教育會會長，他堅辭不就。定居南昌後，仍經常出入書店，特別是對於各縣縣誌，尤注意收藏。一九一二年他在南昌東湖濱築室，樓上稱「問影樓」，樓下為江西私立退廬圖書館，對外開放。後又繼續充實藏書，館藏最多時達四十萬卷。一九二二年，他遷居南昌，是年四月三十日病逝於南昌，終年五三歲。

他逝世後，友人魏元曠，為他編印有《退廬文集》、《退廬詩集》、《退廬箋牘》。臺灣文海出版社將他的著作八種，定名《退廬全集》，收入《近代中國史料叢書》列為第四十五集，公開出版。

《國聞備乘》是胡思敬在京為官期間陸續寫成，清朝亡後彙編成四卷，在胡思敬逝世後的一九二四年刊刻。他在自序中說：「史官失職，起居注徒戴空名。歷朝纂修實錄，館閣諸臣罕載筆能言之士，但據軍機檔冊草率成書，凡一切內廷機密要聞，當時無人紀述，後世傳聞異辭，家自為說，遂失是非褒貶之公。」可見胡思敬對於官方的史料記載，是相當不滿意的，也因此他對於晚清宮廷秘聞和官場真實內幕，多所記載。但這不同於市井間的無稽之談，因為當時胡思敬在京為官，消息來源是由知情者所透露，有極大的可信度。例如書中涉及慈禧太后的記載甚多，如卷一〈文宗遺命得人〉、〈慈安防患之密〉、卷二〈文錫〉、卷三〈宮緯疑案〉等條，作者通過「西后忌慈安久矣，無疾暴崩，宜外言之嘖嘖也」，「燭影斧聲，遂成千古疑案」，「孝貞顯皇后（即慈安太后）、孝哲毅皇后、德宗景皇帝、醇親王奕、珍妃五人之死，外廷皆有異言。……孝貞暴崩，群臣臨視，十指甲俱紫，疑有變，然無敢言者。」這些話傳遞出慈禧太后暗地害死慈安太后的傳聞。而消息來源直指慈禧的倖臣內務府大臣文錫之子崇光，也就是慈禧的義子，吏部侍郎兼內務府大臣。可說是有所根據的。

另外胡思敬重點記述了清末官場狀況。如卷一〈調任〉指出州縣官的調任完全以政府的愛憎為轉移；卷二〈商部捷徑〉、卷三〈北洋捷徑〉說這兩處官員升遷要職，十分快捷；卷三〈宦途異數〉講清末官員任命，已經很不規範；卷四〈軍機處不勝撰擬之任〉條，列舉生動實例，披露清末朝廷對奏議不看內容，而隨筆批示「依議」、「允行」之類，得出「十餘年來，朝政不綱，直視樞務為例行公事」的結論。由此可見，清末的官場是何等的荒唐腐敗！

而在同治、光緒年間盛行的捐納制，暴露了晚清政治的廢弛和腐敗，它對晚清的社會政治、經濟、文化產生非常廣泛而深刻的影響。捐納，又叫貨選、開納，有時也稱捐輸、捐例，即人們所說的賣官鬻爵。它通常由政府條訂事例，定出價格，公開出售。《國聞備乘》在卷一〈道員詭遇〉中寫道「俊秀徑捐道員只二千餘斤，中外顯宰大半因之以起」；在卷二〈報效〉中寫道「主事延熙以五千金得郎中」、「罔利鬻爵輦金求進者自十萬以至數十萬不止」；卷二〈作文襄循資進用〉中更揭示出「宗棠亦循資而進，非破格也」。

而更令人驚訝的是，光緒帝的愛妃珍妃居然也是這賣官鬻爵中的一員。珍妃的得寵，自然招致了疑心極重的慈禧太后的大忌。而賣官鬻爵的不法勾當，更引起了慈禧的強烈不滿。清朝制度，妃子例銀（工資）每年三〇〇兩，嬪為二〇〇兩。珍妃用度不足，又不會節省，還對宮中太監時有賞賜，虧空日甚。她遂串通太監，效仿慈禧的行為多次受賄賣官。因為有利可圖，當時太監中最有勢力的數人均染指其中。《國聞備乘》記載：「魯伯陽進四萬金於珍妃，珍妃言於德宗，遂簡放上海道」。魯伯陽上任一個月後被江督劉坤一彈劾罷免。對此慈禧曾當面拷問珍妃，並從其住處搜獲記有其賣官收入的一本賬本，內書某月日收入河南巡撫裕長饋金若干。但珍妃卻反唇相譏，「祖宗家法亦自有壞之在先者，妾何敢爾？此太后主教也。」」。因此光緒二十年十月二十八日珍妃遭到了「褫衣廷杖」

（剝去衣服，由太監用竹板重打袒裸的臀部）的懲罰。也有論者以為此事與當時「議和」之事有關，瑾、珍二妃是積極支持光緒帝對日抵抗的，據《國聞備乘》記載：「東事起，咸言起兵。是時鴻章為北洋大臣……不敢開邊釁……於是文廷式等結志銳密通宮闈，使珍妃進言於上。」

此外，《國聞備乘》還重視清季社會狀況的記述，揭露了當時的官紳心態、士林風氣。如卷二〈朝士嗜好〉從道光年間「好談考據訓詁」一直敘述至光緒末年「好優伶」、「好佛」、「好彈唱」、「媚洋」、「宴賓客」、「好麻雀牌」等等。這正與清末政務的懈怠狀況相互映照。讓我們瞭解到了清末宮闈、官場、社會風氣等方面的狀況，也就更能理解清末亡國的必然性了。

《國聞備乘》本著直書實錄的準則，較為真實地記錄了晚清的狀況，胡思敬在大是大非問題上不為君親隱諱，也不肆意去貶低他人。例如本書多處揭露了慈禧的狡詐狠毒，但也有〈孝欽臨危定策〉、〈孝欽駕馭慶邸〉、〈孝欽裁抑臣〉等等條目，記載其明識決斷之舉。本書既抨擊了李鴻章徇私壞法，又讚揚了「李文忠辦洋務成效」，這也表現出作者不反對洋務運動的興辦實業的做法。總之，《國聞備乘》因其敘事翔實、細緻，記述了許多官方史籍所沒有的內容，保留了較多的客觀記載，是有其極高的史料價值的。

《國聞備乘》原本作者就有製定小標題，雖然有些籠統，不夠精確，但因是作者所訂，此次新校本並無更動。至於書中有□□留白之處，亦是原刊本就刪去的字眼。如卷二〈文錫〉，讀者當明瞭□□指的是慈禧，因寫作時或還有所顧忌，遂以□□代之。而《國聞備乘》亦如清代筆記一斑，全書無標點，每篇無分段，今重新點校，並予以分段，俾使讀者更便於閱讀。

自序

國朝自莊廷鑨、呂留良、戴名世連興大獄，文字之禁極嚴，內外士夫罔敢談國故者。余來京師，七年之間，經甲午、戊戌、庚子三大變，私嘆史官失職，起居注徒戴空名。歷朝纂修實錄，館閣諸臣罕載筆能言之士，但據軍機檔冊草率成書，凡一切內廷機密要聞，當時無人紀述，後世傳聞異辭，家自為說，遂失是非褒貶之公。俯仰三百年廟堂擘畫之勤、將相經營之苦，慨然於弓髯喬木之感，未嘗不戚戚於懷也。

同時在京好談掌故者有汪舍人穰卿、冒郎中鶴亭，詢其著述，秘不肯示人。其出而問世者，多不脫小說餘習，外此更無聞焉。甚矣，史才之不易也！

余趨職之暇，時有所紀，久之遂成卷帙，大約見而知之者十之七八。士非憂患不能著書，不經亂世亦不能盡人情之變。余忝負言責，綆短汲深，自愧無絲毫補濟，安敢自托於古人憂患著書之旨？聊存此篇，備異時史官採擇，庶為惡者知所戒而好善者交勉。人情變極思遷，亦轉移風氣之一道也。自辛亥三月，余攜此稿辭職出都，不半載而武昌亂作，欲再行賡續，而東西竄走，交遊斷絕，四方音問不通，遂長為山中人矣。

宣統辛亥十月胡思敬自序

例言

一、書中稱太后、稱上者，光緒朝所作；稱孝欽、稱德宗者，宣統時所作。

二、左氏敘列國大夫，或稱名，或稱字，或稱官、稱諡，前後錯出，使人莫曉。明人以地稱人，則尤不典。此書於本文則直書姓名，以符史法。於標目則書諡，無諡者書官，無官者書字，以激揚人品。

三、書非作於一時，有前日所紀如是而後日情形復變者，不再改削，用以存真，讀者當分別觀之。

四、一人數見，前後官職升轉不同者，各從其時書，一人而再見者亦同。

五、光、宣之間，署名、官名及內外典制多隨意變更，亦各從其時書。

六、古人諱尊、諱親之說，亦為過小者言之，若大惡可諱，則桀，紂之殘暴誰為播揚於後世乎？周公誅管、蔡，親加刃於其躬尚無不可，更何論死後之褒譏。操史筆者，但不當掉弄楮墨，以快一己之私仇，他非所懼也。竊守此義，以待來者。

七、書中於清末新政言之最詳，蓋及身親受其禍，艱險備嘗，遂不覺大聲疾呼而出，怒罵之態多，嬉笑之情少，識者鑒之。

目次

卷二

卷三

卷四

卷一

同城督撫不和

督、撫同城，權位不相下，各以意見緣隙成齟齬，雖君子不免。兩廣總督那彥成與巡撫百齡相攻訐，百齡尋以失察家丁議遣戍；繼百齡者為孫玉庭，劾彥成濫賞盜魁，彥成亦被逮；及百齡再至兩廣，以玉庭葸懦復劾罷之，此君子攻君子也。吳文鎔初至湖廣，與巡撫崇綸不協，崇綸百計傾陷，以孤軍無援死黃州，則小人攻君子矣。

郭嵩燾權粵撫，不一年，見事權盡被總督侵奪，戚然不安，疏請罷撫院，不報。雲貴總督魏光燾與法人議路礦，約已定矣，巡撫李經羲監臨入闈，未知也，出則盡反前議。總督大恚，經羲力求去，朝廷惡其奏辭不遜，遂削職。張之洞在粵與倪文蔚爭，在楚與譚繼洵又爭，但未露章相詆耳。戊戌詔罷雲南、湖北、廣東三巡撫，旋復設如故，渝旨言「總督主兵事，巡撫主吏事，然總督位望較崇」。之洞任兩廣時，自言有節制巡撫之權，不能限其專治兵不問吏事也。至光緒三十年，復用前詔，罷三巡撫，留總督，事權始一。

然總督名實不稱，載之國史，徒滋後世之疑。雲貴總督駐雲南，未嘗問貴州事；兩湖總督駐武昌，未嘗問湖南事；推之兩廣、閩浙、陝甘，莫不皆然。江蘇幅員不及四川四分之一，總督駐江寧，巡撫駐蘇州，提督駐清江浦，兼兵部侍郎，專典制淮南，同於督、撫。江督名節制三省，其實號令不出一城，遑問皖、贛？宜將六總督各正其名，如直隸、四川，斯得之矣。

張果敏發跡固始

張曜，微時，依其姑夫蒯賀蓀於固始令署，年未二十也。固始衙役以千數，最雄鷙有力者曰黃傑，黨羽一呼畢集，歷任縣令皆陰與為緣，不敢相爾汝。河南巡撫廉得傑黨奸狀，密遣總兵某以五百人往，令縶以獻。傑微聞其謀，未審，陰勒部眾以待。總兵至，縣令款以盛筵，左右前後皆傑耳目，縣令不知也。酒數巡，總兵言曰：「聞貴治有黃老虎，其人安在，猶著役乎？」老虎，傑綽號也。令未及答，曜侍酒在旁，即趨前對曰：「此里中豪傑，好義，重然諾，緩急可倚，大人安從知之？」且語且眴，褒讚不容口。左右奔告傑，傑甚德令，以為事且解，部眾俱散。翼日，曜率健兒數十，潛引總兵，掩其不備捕得之，遂伏法，一縣皆服其勇。

是時撚匪大亂，固始當兵衝。一夕，諜報寇至，縣令已公出，城中惶擾。曜見事急，請典史出治團防。典史曰：「我獄吏耳，安敢主兵？」曜曰：「當為爾助。」曰：「無款奈何？」曜曰：「公姑出，徐設計，集之不難。」乃下令城中，貧者出力，富者出錢米，不願相助者悉徙避城外。得千人，日夜訓練，乘城以守。官軍迫賊，戰洪家埠，距城十里。曜登陴，見郭外煙塵蔽空，率三百人往覘，火其輜重。賊潰而走，追敗之，斬馘以千計。官軍即僧格林沁也，遣使問城中主兵者為誰？曜褐衣徒步詣營謁見，應答如流。僧王大奇之，令隨營效力，屢建功。後統嵩武軍，與宋慶俱稱中州名將。

胡文忠權變

《戰國策》描畫小人情狀，後世雖極詭詐，莫能出其範圍。君子惡其人，未嘗不明其術，不幸當𣏌䑰之交，事處至難，不得不假借用之，以濟一時之變。如胡林翼之出謀用智，其心亦良苦矣。林翼初授鄂撫，駐師江南，官文以將軍署總督，駐江北。兩府將吏頗構異同，林翼大懼，即渡江謁見官文，結盟為兄弟，執禮甚恭，出其愛妾拜官文太夫人為義母，月進羨餘多金充督署公費。官文大喜，一切軍政吏事悉讓林翼主持，不置可否，事乃克濟。

左宗棠為怨家所告陷獄，甚危。林翼輦三千金結交朝貴，得潘祖蔭一疏，事遂解。多隆阿、鮑超兩將勇鷙而驕，雖曾國藩不能馭，林翼陰以權術籠絡之，時誇多以愧鮑，時譽鮑以激勵多，如孺婦播弄口舌，陽怒陰譏，皆寓使用。其精誠貫金石，其妙算如鬼神，其心跡如青天白日，微論左、李望塵不及，即曾侯亦不能不卻步矣。

文宗遺命得人

文宗大漸，時尚駐蹕熱河，內外洶洶，譌言蜂起。顯皇后進曰：「聖駕脫有不諱，樞府中疇則可倚？」帝引後手，書「文祥」二字示之。後又言：「大阿哥幼沖，當典學，安可無付託者？」帝閉目沉吟良久，徐驚寐曰：「得之矣。」急用倭仁。

時倭仁被放新疆，為葉爾羌幫辦大臣。帝崩，即日發急遞召之回京，命授讀東宮。文祥領軍機，密加倚任。穆宗即位，尊后為慈安，號曰東太后；尊生母為慈禧，號曰西太后。慈安賢明，慈禧警敏饒機智，兩宮同心一德。文祥又引用李棠而結歡恭親王奕訢，故同治初年之政罔有缺失。慈安崩後數年始更變大臣，又二年始興園工。西后忌慈安久矣，無疾暴崩，宜外言之嘖嘖也。

慈安防患之密

慈安無子，一女嫁符珍，早寡。撫愛穆宗，一如己出。待慈禧甚謙讓，不肯以嫡自居。初垂簾時，邀與同居養心殿，扃閉各宮門不啟而告之曰：「吾兩寡婦人撫一孤子，設不幸奸人乘機造作語言，居間播弄，則天下大事去矣。今寢處一所，朝夕相見，各坦懷相示，讒何由興？」後穆宗大婚，乃各異宮而居，燭影斧聲，遂成千古疑案。戊戌之變，亦因慈禧居頤和園，母子會見日稀，故康黨以邪謀進。慈安遠慮，真有不可及者。

君主專制之誣

近世倡革命者，恆借君主專制一言為口實，其實誣也。總管太監李蓮英有養子四人，曰福恆、福德、福立、福海，各捐郎中，分列戶、兵、刑、工四部候補，亟請於孝欽謀實授。一日，刑部尚書葛寶華入見，孝欽以福海託之，寶華曰：「與以小烏布則可，補缺當遵部例，臣何敢專？」孝欽默然，不敢言破例也。魯伯陽進四萬金於珍妃，珍妃言於德宗，遂簡放上海道。江督劉坤一知其事，伯陽蒞任不一月，即劾罷之。是用人之權，君主不能專也。文宗北狩，行在提款過多，寶鋆堅不奉詔。穆宗大婚，內務府告匱，假之部庫，部臣力爭，謂府、部界限甚清，不可牽混從事。孝欽初興園工，遊百川、屠仁守先後入諫，幾罷者數矣。李鴻章等雖善迎合，不能不籍海軍報效之名，掩飾國人耳目。是用財之權，君主亦不能專也。同、光以後政衰時猶如此，承平可知矣。

穆宗遺事

穆宗春秋寢富，性豪爽，引內務府郎中貴寶為酒友，上書房翰林王慶祺導之冶遊，微行無弗至，旋遘惡疾，諱云出痘，遂崩。李鴻藻傅帝十四年，臨危入見，受遺詔輔立溥倫，尋窺太后意不然，乃立德宗。其母即太后女弟，以故得立。皇后聞德宗入繼文宗，不為穆宗立後，泣涕堅臥不起，出怨言。太后召至宮，切齒大罵，批其頰者三。后父崇綺遣人以死諷之，遂不食，七日崩。

裕壽山誅李世忠

李世忠既得罪，羈安慶，尚擁巨貲，私蓄健兒，橫行多不法。候補知府吳廷選奉委解盜犯入城，解役飲於市，見少婦靚妝倚門而笑，疑為娼也而挑之。少婦者，某都司之妾。都司故世忠部曲，聞役人無禮，急持梃大呼而出，役恃眾蜂擁入室，都司匿複壁以免。次日訴世忠，世忠曰：「鼠輩敢爾？必報之！」一呼而徒眾畢集，走索廷選，適外出，其母年七十，出以好語慰之，世忠徑批其頰。返遇廷選於途，從輿中曳出痛毆之，傷其左臂。

廷選，湖南人也，是時左宗棠方督兩江，湘人宦皖者氣焰甚盛，聞有廷選事則皆不平，大會湖南館，聯名訴撫院。巡撫裕祿大懼，訪諸藩司胡玉坦。玉坦與世忠有隙，勸令除之。初，世忠與陳國瑞私鬥殺，曾國藩兩懲之，奏請將世忠革職，交安徽巡撫嚴加管束，疏末有「如再怙惡，當即處以極刑」兩語，至是裕祿援國藩舊案以請。詔誅世忠，餘黨悉赦勿問。世忠臨刑，語其儕曰：「吾無大罪惡，唯枉殺何桂貞，宜有此報。」

李文忠濫用鄉人

李鴻章待皖人，鄉誼最厚。晚年坐鎮北洋，凡鄉人有求無不應之。久之，聞風麇集，局所軍營，安置殆遍，外省人幾無容足之所。自謂率鄉井子弟為國家捐軀殺賊保疆土，今幸遇太平，當令積錢財、長子孫，一切小過悉寬縱勿問。

劉銘傳與鴻章同縣，因事至天津，觀其所用人，大駭曰：「如某某者，識字無多，是嘗負販於鄉，而亦委以道府要差，幾何而不敗耶？」因私戒所親，謂北洋當有大亂，汝輩遊橐稍充者，宜及早還家，毋令公私俱敗。

未幾，中東事起，大東溝一戰，海軍盡毀，皖人治軍務者，若丁汝昌、衛汝貴、龔照璵等俱誤國獲重咎。內外彈章蜂起，鴻章亦不自安，力求解任。知其事者，皆服銘傳先見。

京曹印結

承平時，京官最稱清苦。翰林仰首望差，閱三年得一試差，可供十年之用；得一學差，儉約者終身用之不盡。部曹放差者甚寡，唯藉結費以自給，其實皆私利也。結費不知始自何時，究其端，大約因軍興以後，捐例開，仕途雜，入京引見者多假冒，吏部不能詰，乃令取具各同鄉京官印結，始准注選或掣簽分省補用。外吏既須京員出結，即不能不稍事應酬，此亦人情之常，不須繩以苛法。

其後捐生益多，出結者益眾，饋遺多寡無定數，則必有相爭相軋之情。於是京曹出結，官始分省，各設印結局，派專員管理而均分其數，罔有議其非者。庚子以後，各省昭信股票悉准報捐，展轉鬻販，值遂大賤。由監生捐一主事，買票不過千餘金，而結費有達二千者，過於捐數幾倍。行之既久，相習以為固然。

張天師受騙

皇太后七旬萬壽，新襲天師張元旭，有人誘之入京祝嘏，費二千金可得二品頂戴，如數予之。天師至京，投文禮部，請隨班祝嘏。禮部據舊案，駁斥不許。同鄉有好事者，謂禮臣所援不知何案，欲慫恿天師具呈再請。余檢乾隆七年九月《東華錄》所載梅瑴成一奏示之，眾喙乃息。（按鴻臚寺卿梅瑴成奏云：「正一真人張遇隆恭祝萬壽。據禮部文稱，隨班行禮應列左都御史下、侍郎前。臣思真人乃道家之流，祈禳驅邪時有小驗，仍而不革可也，假以禮貌可也，乃竟入朝班，儼然與七卿並列，殊於觀瞻有礙。應請敕部定議，不必另入班行。」旨下部議，尋議：「嗣後真人承襲謝恩，臣部帶領引見，並遵三年來朝之例，准其入覲，照例筵宴，宴畢還山。倘在京適值百官朝賀之期，免其列班行禮。」從之）。

陳尚書罪不掩功

庚申之役，文宗北狩，已得疾，內外惶悚。英人慫擁立恭親王奕訢，如契丹待石晉故事，恐廷臣異議，未敢輕發。和約成，大宴夷酋於禮部，英法皆以兵往，議尊恭王絕席，令王公以下皆跪迎，以覘人情向背。大學士周祖培股慄不能言，孚恩拂衣起曰：「王、大臣事同一體，今日玉帛之會，觀禮近萬人，先朝典制具在，不可紊也！」夷酋知眾論不予，遂戢邪謀。是役微孚恩持正，禍幾不測。世以其阿附肅逆，咸加醜詆，並其大節而亦沒之，殊可痛惜！孚恩後竄新疆，全家死回難，只一孫逃歸，寄食濟南，不知所終。

改題為奏

內外言事，有題有奏。例行常事曰「題本」，露而不封，先交內閣，由內閣擬旨（從前外省摺奏皆經過通政使司，謂之「通本」，後裁通政使，乃並入內閣），再交奏事處進呈，所謂「票簽」是也。其非例行常事，或條陳時政，或匡諫闕失，或彈劾官員，用白簡加小封，盛以黃匣，徑交奏事處進呈，曰「封奏」。

皇上黎明起，內奏事處總管太監以題奏上，閱畢，乃召見臣工。凡召見，只一人跪伏殿前，雖內侍不得竊聽一語。奏對稱旨，或移時乃出。引見則由各署堂官具綠頭籤，引至丹墀，分班跪誦履歷，隨退。樞臣俟其事畢，同班進見，稟受機宜，領本日章奏排單，退而擬旨。應頒示天下者曰「明發上諭」，密交各督撫者曰「軍機寄字」，封交各部院者曰「軍機交片」，悉以本日題本奏章移付內閣部員親詣抄寫，今通謂之「閣抄」。

庚子以後，或以題本展轉稽時日，乃改「題」為「奏」，自是閣臣曠無一事，萬機勤勞，例摺不能遍閱，樞府亦以具文視之，舛錯無暇細勘，內批時有誤者。余在吏部見部摺往往有雙請或條陳政見者，皆署曰「依議」，蓋皆未嘗寓目也。

兄弟不睦

恭親王奕訢與醇親王奕譞為異母兄弟，恭王在文宗時已出參樞政。穆宗中興，兩宮並出垂簾，封為議政王，內外多賴其調護，天下稱為賢王。醇王雖嫉之，莫能擠也。及德宗立，醇王之勢漸張，趨附者益眾，日伺恭王之短而攻之，遂有甲申某月某日之諭。恭王雖罷，醇王以太上之尊不便徑入樞府，乃援孫毓汶為軍機大臣。毓汶人甚狡詐，曾充醇邸蒙師，既得志，倚勢驕橫，每入對，班在後而發言最先。孝欽嘗目送之，見毓汶如見醇王也。醇黨多小人，稍通賄賂，自是政事日脞，恭王不敢與較。甲午和戎之役，皆毓汶等從中主持，而國勢駸駸弱矣。

母子夫婦不和

德宗既由藩邸入承大統，孝欽偏厚母家，援立其兄桂祥女為后，后長德宗二歲，貌不甚揚。長善二女同時入宮為貴妃，長曰珍妃，工翰墨，善棋，德宗尤寵愛之，與皇后不甚親睦。二妃屢受孝欽鞭責，訴之上，上勿敢言，由是母子夫婦之間微有隙。

戊戌康黨構逆，論者不直德宗。庚子載漪信用拳匪，謀內禪，論者又不直孝欽。孝欽西巡還，亦自悔之，年且耄矣，屢更憂患，後事遙遙不可知，因推權政府不肯任勞怨。榮祿雖專，猶稍知大體。奕劻繼之，侈而貪，群小輳進，久而左右前後之人皆其私黨，孝欽亦無如何也。自光緒元年至十八年為兄弟不和時代，自十八年至三十四年為母子夫婦不和時代，終帝之身，兩事相為首尾凡三十四年。自古國家之敗多起於倫理，家齊而後國治，不誠信戰？

屠仁守罷職

孝感屠仁守在臺諫頗負直聲，同時大僚若大學士恩承、李鴻章、刑部侍郎薛允升、湖廣總督卞寶第、兩廣總督張樹聲、廣西巡撫徐延旭皆被糾彈。其後，光緒十四年諫修頤和園一疏，引宣宗聖諭五百餘言，太后覽奏，怒責樞臣曰：「祖宗家法如是，何不早告我知之？」孫毓汶進曰：「小臣冒昧何責焉？」寢其奏不下。

越一年，太后歸政，仁守復疏言：「時事方殷，太后不宜委卸，當仿高宗內禪故事，一切內外封奏仍進呈慈覽，徐議施行。」太后遂下詔罪狀仁守，謂：「垂簾聽政本屬萬不得已，深宮鑒前代流弊，特飭及時歸政，上符列聖成憲，下杜後世口實，主持堅定，用意甚深，早經宣示中外。令出未幾，旋即反汗，天下後世將視余為何如人那？」擲還原疏，即令解職，候部議。吏部議以補官日革職留任。太后大怒，盡罷吏部六堂官及考功掌印郎中，中旨徑革仁守職，永不敘用。當時士論頗疑仁守以揣摩得罪，實則園工一疏進言太直，早伏禍機也。

江西京官風氣

江西人向無黨援，道、咸之交，陳孚恩、萬青藜、胡家玉同時在高位，皆被人擠陷，一仆不再振。青藜既長六卿，與戶部尚書董恂皆有協揆之望，李鴻藻後起而秉樞政，忌兩人資望在先，嗾清流黨攻之，遂沉滯，累年不遷。家玉奉使按事湖南，過武昌，官文以公款三千金為贐，曾國荃後為巡撫，與官文不協，暴其事，家玉遂出軍機。江西錢糧多浮冒，巡撫劉坤一尤苛，家玉出死力糾彈，坤一與爭不勝，遂摭其請託私函入告。朝廷兩罪之，實陰庇坤一，降坤一三級留任，家玉由左都御史降通政司參議，旋即退休。以家玉之剛直使氣而敗，以青藜之硜硜自守而亦不振，孚恩浮沉於兩黨之間，宜其更負時謗矣。自家玉罷後垂三十年，江西無三品京官（詹事朱琛祖籍貴溪，亦休致不用）。

簡放道府成例

朝廷重道府，不欲以銓選常例限之，簡放時樞臣分三單請旨：京察一等記名用道府者為一單，候補道府得保薦交軍機存記者為一單，部曹科道俸滿截取以道府用者為一單。三單雖並進，用京察人員十常八九，保薦存記多至數百人，與政府私有援繫亦間放一二，截取簡用者絕少（存記可歸補，截取可歸選，故不能與京察並）。唯御史戇直好言事者，樞府畏其鋒芒，往往藉升遷為放黜，如余誠格、王乃徵、秦樹聲、姚舒密皆是也（樹聲由郎中考御史記名，尚未傳補，召見時面參權要，故不待傳補，先去之）。

近歲督、撫不守舊制，每道府缺出，隨摺保薦一員，旨不下即除授之，朝士相顧錯愕，莫知何許人。一省肇端，各督、撫援例而至，此朝廷失權之漸，考世變者不可不知。其不由軍機進單，亦無疆臣保薦，中旨徑任用者，近數十年中唯見編修張履春一人。

履春，南豐人，因翰林院值班得召見，奏陳江西事甚詳。已而武昌遺缺出，樞臣上請，太后曰：「張某樸實可用。」遂授之。是時，履春散館甫二年，資俸最淺，不虞遽以口舌得官。報者至門，拒不納曰：「此蘇拉詐索，安有無因而外放者。」後謁軍機，始詢知其由。閱二月，侍讀翁斌孫以京察一等放大同府，斌孫常熟世家，開坊十餘年，放逐邊遠，念及履春，沮喪不寧者累日。

何小宋貽誤軍事

馬江之敗，張佩綸為眾惡所歸，鮮有議及何璟者。法師擾閩時，璟任閩浙總督，佩綸銜命至，兵事悉以諉之，安坐不出一策，但日叩鬼神問吉凶。敵人與地方交涉，只知有督、撫，漫不省欽使為何人。事既決裂，法提督貽書督署，約日決戰攻炮臺。璟不曉西文，壓置勿啟者二日。洋務局提調某聞有夷書，寂不見督轅動靜，因衙參請白事，索其書觀之，則哀的美敦書也。期已迫矣，彼此瞠目相視，議馳告欽使。欽使行轅距省城六十里，得警報大懼，從幕客謀，遣翻譯官入法軍請緩期。法軍不納，已起碇鳴炮，鼓輪前進，我師措手不及，遂大潰。

袁岑氣焰

戊戌政變，袁世凱首發逆謀；庚子避兵西巡，岑春煊沿途擁衛入關，由是皆有寵於太后。余觀二人舉動，亦各具恣睢叱吒之才，非盡恃寵也。張翼以小吏給事醇邸，不數年，官至侍郎，駸駸大用。世凱參其私鬻開平礦產解職，涉訟英廷二年，怏怏歸，遂一蹶不起，溥善以吏部侍郎兼左翼總兵，本近支宗親，兄弟子侄布朝列，奸人盜賣陵地，用左翼印押契，世凱復劾罷之，其鋒芒亦可畏矣。

春煊氣力更出其上，粵紳有周榮曜者，初由關吏起家，積貲數百萬。春煊瞰其富，折簡招至署中責報效，榮曜不應，私輦金入都，求通奕劻之門，遂簡四品京卿，出使比利時。春煊怒曰：「奴子乃狡獪如是。」即日參其私蝕關稅，請削職監追，榮曜奔香港，盡籍其產入官，奕劻熟視，莫敢出一辭救也。既而鐵路議起，春煊主派捐，粵人不允，請招股。春煊曰：「是把持也！」捕倡議道員黎國廉，下之獄，全粵紳民皆憤，推前閩浙總督許應騤為首，聯名上訴。詔周馥按問，亦莫能直也。春煊每至一省，必大肆糾彈，上下皆股慄失色。

媚袁

袁世凱初以同知分發直隸，周馥方為藩司，言之李鴻章，知其為袁甲三侄也，始稍稍屬以事。及世凱驟貴，交通政府，專北洋兵柄，馥反屈意事之。聞其撫山東時，或持北洋一書來謁，即日接見委要差。其人蓋浮蕩不羈末僚也，藩司以告，馥曰：「吾亦知其不可，慰帥欲之，奈何？」江西教案起，外務部曰：「北洋熟外交，得其人以往，必濟。」於是世凱派津海關道梁敦彥往，卒不得要領而還。

直隸創公債票，遍張告諭，無應者。日人貪其息，陰出金購之。及粵督請借洋款辦新政，戶部駁之曰：「洋款流弊多，利權外溢。北洋公債善，可仿行之。」公債之即洋款，部臣非不知之，蓋借是以媚袁也。學堂、警察、新軍皆萌芽天津，各省督、撫承望風旨，派員北上考察，皆採用其章程，如山東、河南、閩浙諸省，見之奏報，可考而知也。

岑雲階粗莽

岑春煊性極粗莽，戊戌服闋入京，結交康黨，入保國會，慷慨上書，急欲一試，遂由候補京卿外簡廣東布政使。蒞任不數月，即與總督譚鍾麟騰章相詆。太后惡之，榮祿為緩頰，乃調甘肅。甘肅庫款多虧空，歷任總督以空文盤查，相緣為故事，閱四五十年矣。總督陶模恐春煊揭破，追論前官徇隱，且興大獄，甫至即具疏保薦，冀結其歡心，春煊益驕。

庚子，拳匪亂京畿，自請統兵入衛，不候模命即率六營出關，繞漠行千餘里至京。入見太后，自陳：「臣軍臨時召募，但任防守，不敢當前敵。」有詔令駐張家口防俄。未行而京城陷，倉卒走昌平。越日，御駕過南口，侍從皆散，春煊追及居庸關，有馬隊二千，兩宮大喜，賴以護衛。遂隨之入晉、入秦，擢陝西巡撫，寵任甚至。上方供用，日限三百金，內外整飭有法。凡所規劃，多採用幕客張鳴岐之謀。後調撫山西，移督四川、廣東，皆挈以俱行。至桂林，為捐雙月道員，上疏論薦甚力。旋放太平思順道，遂擢廣西藩司，升巡撫，年甫三十，封圻中所僅見也。丙午秋，春煊由兩廣調雲貴，怏怏留上海半年，堅不赴任，奏參丁振鐸疲玩啟戎心，疆事不可收拾。朝廷不得已，令錫良讓四川予之。疆臣以去就要君，始自春煊，三百餘年所未有。履霜之漸，識微者其知懼矣！

盛杏蓀辦洋務

盛宣懷辦洋務三十餘年，電報、輪船、礦利、銀行皆歸掌握，攬東南利權，奔走效用者遍天下，官至尚書，資產過千萬，亦可謂長袖善舞矣。其始起，推挽由李鴻章。鴻章內召，王文韶繼為北洋大臣，倚之如左右手。北洋京畿左輔，為洋務總滙之地，湖廣總督張之洞忌之。是時蘆漢鐵路議成，南端由之洞主政，北端由文韶。文韶欲保用宣懷，恐之洞不從，遣宣懷私詣武昌，探其意旨。之洞辦武昌鐵政虧空過百萬，方窘迫，莫知為計。宣懷至，許為接辦，任彌補。之洞大喜，遂與文韶合疏保薦宣懷為督辦蘆漢鐵路大臣。後鴻章薨，文韶再罷，宣懷之勢遂孤。

袁世凱繼為北洋大臣，先奪電報局以授吳重熹，繼又奪鐵路局以授唐紹儀，又嚴詰招商局報銷。宣懷不得已，乃盡卸各差，脫身回里。癸卯，服闋還朝，遍交朝貴，皆不得其歡心，臥病僧舍，幾不起。後數年，度支部辦預算表，梁士詒與唐紹儀把持郵政，皆粵黨也。澤公謀欲去之，莫能窺其底蘊，宣懷乘機進賄，遂起用為郵傳部尚書。

兵權不輕假漢人

朝廷兵柄不輕假漢人，入關之初，下山東，下河南，下陝西、四川、雲南，削平東南僭逆，皆用諸王貝勒。其時殷頑未靖，主少國疑，蓋有不得不然之勢。三藩變起，蹂躪半天下，聖祖神武，九載而後定。自是四方有事，輒簡一親貴大臣為大將軍，或曰「經略」，副以一人曰「參贊」。

康熙征噶爾丹，福全、祥寧為大將軍，允禔副之。再征策妄，允禔為大將軍。雍正征策零，傅爾丹為大將軍。乾隆征達瓦齊，班第為定北將軍，成兖雜布等為參贊；永常為定西將軍，鄂容安等為參贊。再征霍集占，兆惠為將軍。征廓爾喀、征臺灣，皆福康安為大將軍，海蘭察為參贊。征緬甸，明瑞為將軍，明瑞死，傅恆為經略，阿桂為副將軍。兩征金川，初命訥親傅恆為經略，再命溫福為定邊將軍，阿桂副之。嘉慶征三省邪匪，額勒登保為經略，德楞泰為參贊。唯世宗簡年羹堯為撫遠大將軍、岳鍾琪為參贊，以征青海。兩用張廣泗為寧遠將軍，接征準部，戡苗疆。鍾琪遭蜚語，幾不測；年、張貪功不悟，卒以誅死。粵匪之亂，始用賽尚阿不濟，繼用向榮、和春亦無功，乃重任曾國藩，統制四省。祁寯藻在軍機，疑其兵權太重，請文宗裁抑，不許。江寧破，國藩貽弟國荃書，甚危懼，不敢居功，讓官文領銜入奏。胡林翼亦曲意交歡官文。咸、同以後，局勢稍變矣。用李鴻章平撚，用左宗棠平回，法越之役用彭玉麟督師，遼東之戰用劉坤一節制關外諸將，近復參用漢員為將軍、都統。北洋五大軍既潰，袁世凱改變軍制，大開幕府，籌餉徵兵，欲聯合南北為一，無敢議其專者。

部務

部務之不振也，曹郎積資十餘年，甫諳部章，京察保一等，即簡放道府以去。侍郎多起家翰林，初膺部務，臨事漫不訾省，司員擬稿進，涉筆占位署名，時人謂之「畫黑稿」。尚書稍諳練，或一人兼數差，年又耄老，且視六部繁簡次序，以調任為升遷（舊例由工調兵、刑，轉禮，轉戶，至吏部，則侍郎可升總憲，尚書可升協辦），勢不得不委權司曹。司曹好逸惡勞，委之胥吏，遂子孫窟穴其中，倒持之漸，有自來矣。唯刑部法律精，例案山積，舉筆一誤，關係人生死。

歷朝重獄恤刑，必簡一曾任刑曹、熟秋審者為尚、侍。薛允升薨，江蘇巡撫趙舒翹內用為尚書。舒翹誅，直隸臬司沈家本內用為侍郎，皆刑部秋審處舊僚也。薛、趙、沈之治刑部也，薛主嚴，趙、沈主寬；徐桐、鹿傳霖之治吏部也，桐主嚴，傳霖主寬，寬嚴不得其中，各有流弊。求如閻敬銘之理財，近世蓋罕見矣。敬銘為戶部尚書時，每晨起入署，日晡而散，司員上堂取諾，窮詰再三，必盡其底蘊乃已。隨身自備一冊，視文牘要語伏案手自抄之。腹饑，市燒餅二枚，且啖且抄。勤劬耐勞苦，雖鄉村老學究不逮。今閱數十年，部中尚守其成法，綜核之精，自王慶雲外鮮有及者。

太后七旬萬壽

京朝官出典鄉試，命下數日，即馳驛出都。雲、貴最邊遠，簡放最先。癸卯五月，同日簡李哲明為貴州正考官，劉彭年副之；張星吉為雲南正考官，吳慶坻副之。聯撮四人之名，文為「明年吉慶」，蓋樞臣以次年為太后七旬聖壽，藉是以獻媚也。掄才大典，三年一舉行，而遊戲若是，可謂國無人矣。

太后兩次慶典皆遇兵禍，甲午高麗事起，既舉而復罷；甲辰日俄構難，遼河以東畫為戰場，深宮軫念時艱，先有旨不受徽號，並禁絕諸臣貢獻。禮親王世鐸固請，不允。慶親王奕劻因倡率京外官報效二成俸廉，電音絡繹，遍告各行省，張之洞、袁世凱以下無不附和。陝西巡撫升允獨奏劾之，摺留中未發。（疏云：「夫臣下之於尊親，祈報原無紀極。皇太后憂勤宵旰，恩德滂洋，雖天產地華悉備悉供，未足以言封祝。似此周旬一舉之例典，何足答數十年天地之施；十五二五之俸廉，何足為億萬人涓埃之報。若奕劻之倡率，袁世凱、張之洞之附從，在世鐸未經奏請以前，則際此昌期而思為墜露輕塵之效，猶可言也。乃既奉明詔，仍復為此報效之說，以圖嘗試，是直以從前之諭旨為具文，而並使天下臣民疑朝廷以文不以實，則奕劻等之罪大矣。」）

李文忠辦洋務成效

中興以後，洋務大興。李鴻章經營北洋，較丁日昌、張之洞諸人略有實際。始時用夷將戈登規復甦、常，驚嘆西洋火器之妙，乃節軍需糜費，設金陵、上海二機器局，命沈葆靖主之。及移督直隸，復奏薦葆靖仿辦於天津。同治十一年，委朱其昂辦招商局，領各省官帑百九十萬金，集商股七十三萬金，置輪船十二，闢口岸二十七。又收並旗昌公司，增十八艘。英商極力傾擠，中外惑浮言，兩被御史彈奏，卒不能敗。

光緒五年，用唐廷樞辦開平煤礦。十二年，用李金鏞辦漠河金礦。煤礦招商股八十萬金，築路開河，規模締造甚巨。金礦招商股二十萬金，金鏞親裹糧勘道，入山露宿四十餘日，經行千九百里，皆曠無人煙，旋招集流民數千，設局通商販，遂成聚落，歲採生金以兩計近二萬。後拳匪變起，開平質於英，漠河陷於俄，天津機器局毀於聯軍，鴻章臨死猶引以為恨。

道員詭遇

江西巡撫胡延幹以教案罷職。吳重熹代之；臬司余肇康同案降二級調用，秦炳直代之，皆遷延未赴任。於是以藩司周浩護巡撫，糧道署藩司，鹽道署臬司，同時南昌府新建、南昌兩縣皆係署理，會垣之內無一實任正印官，報紙喧騰，傳為怪事。故事，督、撫出缺，循資用藩司護理，藩、臬以下以次遞推，各行省皆然。

丁未五月，錫良由蜀遷滇，超四階用建昌道趙爾豐護總督，兩司側目而視，既事權所屬，不得不隱忍事之。至攝理司篆，但憑督、撫取捨，以一疏入告，無有議其專者。毛慶蕃以通永道署直隸藩司，吳煦以惠潮嘉道署廣東藩司，此猶實缺也。賴鶴年署四川藩司，張鶴齡署湖南藩司，則皆試用道員，納貲捧檄初至，較毛、吳為尤捷矣。

是時事例大減，由俊秀徑捐道員只二千餘金，中外顯宦大半因之以起。段芝貴由試用道得巡撫，趙秉鈞由試用道得侍郎，劉式訓、胡惟德、黃誥由試用道得出使大臣，盧靖、方旭由試用道得提學使，劉世珩、施肇基由試用道得參議，陳昭常、姚錫光由試用道得左右丞，張德彝由試用道得都統，吳煦由試用道得提法使，朱啟鈐、榮勳由試用道得廳丞，劉永慶、李準由試用道得提督，黃忠潔、徐紹楨由試用道得總兵。

盛祭酒

盛昱在宗室中頗負才名，詩文皆有雅趣，談國朝掌故歷歷如數家珍，收蓄金石圖籍多至數十萬金。好延攬四方名士，每晨起，未及櫛漱，賓客已咽集其門。光緒初年為講官，銳意言事，東太后甚器重之。既遷祭酒，盡收太學陋規，刻石經，南學人才一時稱為極盛。終以言事太直，嘗諫修頤和園，甲申遍參樞府，為時所忌，沉滯不調者累年。戊子典試山東回，即謝病不出，張之洞移書勸之，昱答書謂「欲萬里荷戈，自乘一障，身膏原野」，詞甚淒楚。己亥聞溥儁立，病中強起，呼家人曰：「吾病不可為，國亦不可為矣！」遂卒。卒後一年而庚子亂作，夷兵入其室，見圖書狼藉滿地，一老嫗守之，喟然曰：「此讀書人家也。」掩門嘆息而去。

朱陳學派

近日粵中學派多宗朱次琦、陳澧。張之洞督兩廣時，特疏奏薦，皆賞給四品卿銜。次琦字子襄，陽江人，其學篤守程朱，力求實踐，學者尊為九江先生。晚年盡焚其著述，惟《是汝師齋詩》一卷未歸燼滅。門人最著者曰順德簡朝亮，隱居陽江，屢徵不起。康有為嘗問字朱門，初出，上當道書自渭「侍九江之經席」，朝亮痛詆之，稱為遊僧托缽。

澧漢宋兼通，無門戶異同之見，其學流衍最廣，番禺林國賡、林國讚、趙子韶、石德芬，長沙胡錫燕皆其入室弟子，今達而在位者有梁鼎芬、文廷式、于式枚。廷式末路披猖，大為師門之玷。鼎芬再傳而得，曾習經，工詩詞，明習戶曹掌故，今為度支部參議，可謂青出於藍矣。

滿洲世閥

余戊戌入都時，滿洲世閥最盛者推裕、溥二家。越二年，拳匪亂起，直隸總督裕祿走死楊村，裕長亦罷官家居。初太后拷問珍妃，於密室中搜得一簿，內書某月日收河南巡撫裕長饋金若干，太后怒曰：「裕氏父子兄弟，余初以心膂寄之，今顧闒然媚事宮妾，可醜也！」遂斥去不用。裕德好潔，多忌諱，以父名崇綸，癸卯主禮闈，凡舉子試卷有犯其家諱者皆黜之，時論大怪。後正揆席，不一年薨於位，家門稍稍零落矣。

溥良、溥善、溥興兄弟三人同時登九列，溥善以吏部侍郎兼左翼監督，因奸人盜賣陵地，牽連罷職。溥興遇甲午釐定官制，由刑部尚書改都統，鬱鬱不得志，卒。今唯溥良尚存，官禮部尚書，亦無寵。近世漢員中，兄弟秉節鉞者有合肥李氏、湘鄉曾氏、西林岑氏、東海趙氏，同時躋卿貳者絕少。南皮二張相繼參樞政，同族行輩相近，非親屬也。

京官變局

資格破而詞林衰，吾於丙午裁卿貳見之；保薦開而世族盛，吾於丁未設丞參見之。當丙午釐定官制詔下，漢大臣同時失職者十一人，工部尚書陸潤庠、兵部尚書呂海寰，吏部左侍郎李殿林、右侍郎張英麟、戶部右侍郎柯逢時、禮部左侍郎李紱藻、兵部左侍郎秦綬章、工部右侍郎劉永亨、都察院左副都御史陳兆文、大理寺卿管廷鶚，皆翰林也。唯葛寶華以部曹進。

蓋自詹事府、國子監次第裁撤，廢科舉，罷督學典試使差，各部設丞，參，九卿多用異途，編檢別為風氣，清望頓減，極盛而衰，亦其變也。丞、參不分滿漢，滿員同時用十一人，皆借門望以起，民政部左參議裕厚為學部尚書榮慶胞叔，禮部左丞英綿為大學士麟書子，右參議良揆為大學士榮祿子，商部左丞耆齡為江寧將軍誠勳子，郵傳部左參議那晉為大學士那桐弟，吏部右丞寶銘為署度支部侍郎寶熙弟，右參議毓善為大學士福潤子，陸軍部右參議慶蕃為禮部尚書貴恆子。其初俱由各部堂官指名請簡，嗣經廷臣彈奏，乃先保薦後請旨，列名在前者恆得之，其弊視魏晉九品中正殆有甚焉。

黃氏二女

賈人黃開先與余同弄而居，二女皆有殊色，長曰采蘋，年十七；次曰采菽，年十五矣，皆未許婚。庚子，夷兵據城，白晝闖入民家，淫掠無人理。采蘋日夜啼泣，夜半聞馬蹄聲，夢中驚悸墮地，呼采菽曰：「妹起，妹起，頃夢纏頭鬼子牽犬入吾家，堂上燈燭盡滅，我二人宜早為之所。」采菽曰：「諾。」因取冷水和鉛粉盈甌，兩人分服之，不死，自是遂絕飲食，宛轉床褥間，氣懨懨，饑瘦無人色。其父憐之，予以帶，兩女攜手闔戶自經。時七月盛暑，陳屍十餘日不壞，因就寢室掘淺土瘞之。

亂既定，大學士崑岡為留守大臣，下令採訪忠烈，彙案請旌，先後呈報六、七百人，凡病死適丁其時者皆與。黃賈謹願無能，不聞有此令，亦不知何者為恤典。事後，余自昌平歸，詢知其由，欲代為呈報，已違限撤局。嗣聞袁世凱子克□居母喪遘疾不起，河南巡撫為請旌於朝，詔宣付史館，入《孝子傳》；岑春煊子德因、胡燏棻子肇蘭死狀與克□相似，有司亦援案請旌，得諭旨。忠孝節烈之名輒以權勢得之，因是追念黃氏二女，益盡然傷心而嘆後世史筆之多穢也。

趙御史參慶邸

袁世凱有妾與其僕通，事覺自殺，僕竊藏而逃，久之不獲。巡捕段芝貴為懸賞，募得之以獻。世凱大喜，讚其才，令捐道員，密疏保薦甚力。丙午冬，貝子載振持節渡遼，過天津，留宴十日，悅歌妓楊翠喜，欲納之，未有因也。次年奕劻七十生辰，芝貴進十萬金為壽，並出重金購翠喜，媵以珠貂，獻媚於載振。是時東三省初建行省，當設三節帥，遂授芝貴為黑龍江巡撫。旨下，京員相聚偶語，皆不知芝貴為何許人也。

翠喜在教坊有盛名，一旦為豪有力者奪去，凡與交好者根究，具得其實。芝貴又展轉從人假貸，故其事寖寖播揚。御史趙啟霖風聞入告，詔罷芝貴，命大學士孫家鼐查辦。家鼐昏髦畏事，不敢開罪政府，覆奏盡為伸雪，啟霖遂以誣蔑親貴奪職。陸寶忠、趙炳麟、江春霖連章爭辯，不獲伸。士大夫慕其直聲，爭置酒作為詩歌以寵其行。奕劻父子雖悍，固無如輿論何也。

名流誤國

甲午之戰由翁同龢一人主之。同龢舊傅德宗，德宗親政後，以軍機大臣兼毓慶宮行走，嘗蒙獨對，不同值諸大臣不盡聞其謀。通州張謇、瑞安黃紹箕、萍鄉文廷式等皆名士，梯緣出其門下，日夜磨礪以須，思以功名自見。及東事發，咸起言兵。是時鴻章為北洋大臣，海陸兵權盡在其手，自以海軍弱、器械單，不敢開邊釁，孝欽以舊勳倚之。謇等僅恃同龢之力，不能敵也。於是廷式等結志銳密通宮闈，使珍妃進言於上，且獻奪嫡之謀。妃日夜慫恿，上為所動，兵禍遂開。

既而屢戰不勝，敵逼榆關，孝欽大恐，召同龢切責，令即日馳赴天津詣鴻章問策。同龢見鴻章，即詢北洋兵艦。鴻章怒目相視，半晌無一語，徐掉頭曰：「師傅總理度支，平時請款輒駁詰，臨事而問兵艦，兵艦果可恃乎？」同龢曰：「計臣以撙節為盡職，事誠急，何不復請？」鴻章曰：「政府疑我跋扈，臺諫參我貪婪，我再嘵嘵不已，今日尚有李鴻章乎？」同龢語塞，歸乃不敢言戰。後卒派鴻章東渡，以二百兆議和。自是黨禍漸興，杖珍妃、謫志銳、罷長麟，汪鳴鑾、同龢亦得罪去，謇及廷式皆棄官而逃，不敢混跡輦下。德宗勢日孤而氣日激，康、梁乘之，而戊戌之難作矣。

英侍郎相術

兵部侍郎英年善堪輿術，一日扈駕遊醇園，令相視園地吉凶，英年駭曰：「是氣尚旺，再世為帝者，當仍在王家。」時光緒己亥九月，已立溥儁為皇子矣。孝欽曰：「天下已有所歸，得毋言之妄乎？誠如卿說，當用何法破之？」英年顧視墓旁有老楸一株，夭矯盤拏且百年物，因指樹奏曰：「伐此則氣泄，是或可破也。」孝欽還宮，即遣使伐樹。樹堅如鐵，斧鋸交施，終日不能入寸，而血從樹中迸出。次早趨視，斷痕復合如故，監工者懼而請止。孝欽大怒，自詣園，督數十工人，盡一日之力仆之，中斃一巨蛇，小蛇蠕蠕盤伏無數，急聚薪焚之，臭達數里，後德宗薨，今上仍由醇邸入承大統，英年之言果驗。

梁啟超乙未會試被黜

科場會試四總裁，按中額多寡平均其數，各定取捨，畸零則定為公額，數百年相沿，遂成故事。乙未會試，徐桐為正總裁，啟秀、李文田、唐景崇副之。文田講西北輿地學，刺取自注《西遊記》中語發策，舉場莫知所自出，唯梁啟超條對甚詳。文田得啟超卷，不知誰何，欲拔之而額已滿，乃邀景崇共詣桐，求以公額處之。桐閱經藝，謹守御纂，凡牽引古義者皆擯黜不錄。啟超二場書經藝發明孔注多異說，桐惡之，遂靳公額不予，文田不敢爭。景崇因自請撤去一卷，以啟超補之，議已成矣。五鼓漏盡，桐致書景崇，言：「頃所見粵東卷文字甚背繩尺，必非佳士，不可取。且文田袒庇同鄉，不避嫌。」詞甚厲。景崇以書示文田，文田默然。遂取啟超卷，批其尾云：「還君明珠雙淚垂，恨不相逢未嫁時。」啟超後創設《時務報》，乃痛詆科舉。是科康有為卷亦文田所拔，廷試後不得館選，漸萌異志。

調任

州縣官紛紛調易，由於缺有肥瘠，藩、臬以上則不盡然。陝西巡撫升允以直言忤奕劻，左遷察哈爾都統，未行而榮慶入軍機，升允之姻婭也，極力營護，遂改督閩浙。升允北人，不願南遷，又調陝甘。半月之間凡三易其任，蓋以政府之愛憎為轉移也。王乃徵初任湖北藩司，與總督瑞澂不協；宣統二年冬調河南，又與巡撫寶棻不協；三年夏調貴州，半年之間凡三易其任，則以督撫之愛憎為轉移矣。李鴻章督直隸，張之洞督湖廣，前後累七八年，雖有愛憎而朝廷不敢輕動，此非餘人所及也。

陳璧、袁世凱之去

臺諫彈章，雖孝欽暮年奕劻專政未有不交查者，但查辦大臣必先探詢政府意旨，然後覆稟。凡政府不願去之人，雖空臺以爭，無效也。光緒三十二年謝遠涵劾罷陳璧，三十三年陳田、趙炳麟劾罷袁世凱，不知者以為言官之力，實則非也。倫貝子督辦陵工，以爭利故，與璧不協，授意遠涵，使捃摭他事以聞。璧倉卒周旋不及，遂敗。隆裕奉德宗遺詔，命誅世凱，監國與張之洞力解之，遲遲未決，炳麟偵得其情，乃邀田各具一疏參之，而世凱款段出都門矣。

會匪

政刑失，寇盜滋張，自咸、同迄今，名目不可指數。髮匪既踞江南，同時揭竿而起者，中原腹地悉受撚匪蹂躪，竭天下全力，用重兵討之，幸乃破滅。大亂平，根株未盡，餘孽旋撲旋起，據數年來耳目親聞見者著之，亦可為酣嬉者戒矣。鬍匪起奉天，蹂及蒙盟，馳馬結械，一日踔數百里，日、俄俱有戒心。刀匪劫掠山東，一語不相合，拔靴刀生啖人肉，兗、曹一帶哭聲殷天，慘殺無人理。拳匪練習拳勇，自言有神術，徒手不畏槍炮，庚子亂京畿，致乘輿西狩，死一親王（載勛）、三總督（李秉衡、裕祿、廷雍署直督）、一巡撫（毓賢）、兩將軍（壽山、延茂）、一大學士（徐桐）、六尚書（剛毅、趙舒翹、崇綺、啟秀、立山、徐用儀），卿貳以下亡算。

票匪倡自海外，康有為主之，私鬻票布曰「富有貴」，為隱寓康逆之名，悍然有割據東南之志，張之洞執唐才常誅之，亂乃定。梟匪運兩淮私鹽，率其醜類分道並馳，紅幫西溯江，青幫南入湖，船炮器械皆堅利。嘓匪窟穴南山，與白蓮教相勾結。棚匪結夥入山謀食，支帳露宿，初無異謀，人既龐雜，奸民誘煽其間，遂相聚為匪，川楚甌脫棄地往往有之。四川哥老會蔓延最廣，餘省名號不同，燒香結盟，斂錢米，陰相部勒，先後皆祖其術。近歲亂歸德者曰混元會，亂川南者曰孝義會，亂兩粵者曰三點會，亂福建者曰鐵尺會，亂江皖者曰邊錢會，張妙相亂桃源曰彌陀教會，杜亦勇亂金嚴曰天元會，陳慶、王泉亂廈門曰小刀會，各以邪術誘脅鄉愚，統謂之會匪。當髮匪初入長江，凡添弟會、串子會、捆柴會、丁叉會、紅黑會、一股香會諸匪目皆附之，亂遂大熾。黃河發源甚微，沿途匯眾流，勢洶洶，漸不可遏，過三門而東無大山夾持，乃為中國患害，不可不知也。

本朝三大政

乾嘉以來談經濟者以鹽、漕、河為三大政，魏源、包世臣尤津津樂道。自淮南北試行票鹽而鹽法變，海運通、鐵道暢行而漕法變，河決銅廂改道北行，兩河形勢亦隨之而變。書生紙上空言，證之今日，無一合者。票鹽初興，商人獻五百金即領一票，既獲利，輾轉私售，票值萬金。頃歲捐輸重，私梟橫行，鹽價增派無已。始時值萬金者，貶十之六七猶無人過問，場岸皆疲敝矣。湯壽潛作《危言》，欲解馳鹽禁，計口徵稅，事極可笑。後罷官家居，中旨徑用為兩淮運使，辭以母老，願終養，豈亦自知其難耶？北人仰給南漕，或云罷轉輸，盡徵折色，招商運販，歲增國帑可二三百萬。張之洞任封圻數十年，更事多，尚為浮言所動。及庚子亂後，朝廷毅然行之，未獲絲毫羨利。京通十七倉，半歸廢毀，江浙留百萬石起運（江蘇六十萬石、浙江四十萬石），僅敷支銷。國無一年之蓄，脫有變，南北阻隔不通，京師可坐困也。

學堂流派之雜

女學堂興而中國廉恥掃地殆盡，識者恆引以為憂。其尤可怪者，方外防侵奪，集其徒眾，設計保叢林，遂立僧學堂；京師名優譚鑫培、汪桂芬等皆以善歌積貲累萬，遂立伶學堂；狎客慕風雅，慷慨傾囊，悅其所私，遂立妓學堂。彼其所學猶是異國語言文字，與官立各學堂不相出入也。趙爾巽署戶部尚書，設計學館，令司員赴學，已而刑部設法律館、兵部設兵學館、工部設藝學館、吏部設吏學館，翰林院開學會，彼其所學亦不外異國語言文字，與僧伶優妓無以大過也。余聞吏部人語同僚云：「今新署林立，我而不開學館，將無以自存，漸為他部所並。」當時士大夫保全祿位之意，其卑鄙大率類此。

搜羅名士

廣州將軍長善好結納名流，延文廷式、于式枚等入幕，甚禮重之。將軍有二女，後入掖庭，即珍妃、瑾妃是也。是時，潘祖蔭、翁同龢在政府，李文田在南書房，汪鳴鑾在總署，皆慕文才，酷嗜金石書籍，傾身下士，極力宏獎江浙諸名士，倚之以煽流俗。庚寅殿試，同龢搜拔文廷式卷擢一甲第二，甲午又搜拔張謇卷擢一甲第一。康有為自以才名在文、張上，乙未舉進士，昂然望大魁。榜發，竟不得入翰林，於是抑鬱牢愁，百計簧鼓，未幾而有戊戌政變。

南昌教案

萑港為南昌巨鎮，光緒乙巳某月日，天主、福音兩教相毆殺，曲在天主，讞定執二教民監禁南昌，法教士王安之恥之。廢員崔湘與藩司周浩有連，庚子之變，以保護教堂不力被劾，乞請於安之，謀開復。安之曰：「是不難，萑港二教士濫禁在獄，汝力能釋之，保汝不失官。」湘急請於浩。是時浩以藩司護撫院，召南昌令江召棠即日出二犯於獄，召棠不敢爭。次年，臬司余肇康抵任，廉得其事，大惡之，嚴詰召棠，索前犯。召棠捕得一人，其一逸去。安之益愧悔，大恨，設計招召棠飲酒，閉門拒傔從，出私約逼令認可，召棠不為動。安之即席上取利刃連刺之，中其喉，隨謁巡撫胡廷幹，誣以自刎。廷幹惶悚，計無所出，肇康請收執安之，又不許，電奏江令刎死教堂，詞甚隱約。

越二日，學堂諸生相聚演說，庶吉士雷恆言辭支吾，眾大噪，指而罵之，人聚益眾，勢洶洶，大舉圖報復。安之聞警，舉火自焚其室，乘亂易服潛逃，中途被亂民擊殺，投屍東湖。同時毀四教堂，殺法人六、英人二。事聞，命津海關道梁敦彥偕法參贊往讞。事卒未決，遂罷廷幹，代以吳重熹，鐫肇康二級，提案歸外務部。法人要索無公理，部臣不能拒，侍讀學士惲毓鼎、給事中左紹佐，御史蔡金臺、吳鈁先後疏爭，事下鄂督張之洞密查。之洞派梁鼎芬往，盡摭其實入告，外務部大窘。適萍鄉李有棻罷官家居，聯名密電北洋，詞多媚外，遂賠款三十五萬，殺七人議結。召棠冤死無佐證，周浩後被黃昌年參奏，削職歸。

貢獻

拳匪之變，車駕幸西安，各省遣使致水土物慰問起居，辛丑還京，遂沿為貢獻不改。太后一日謂樞臣曰：「曩予母子播越在外，各省疆臣冒險阻將幣來問，愍其勞，不忍拒絕。今幸還守社稷，時事日艱，豈可違祖宗舊制，致開進奉之門，意欲悉罷之，何如？」榮慶叩頭稱善。瞿鴻禨曰：「物各獻其土之所產，所費幾何而慈懷軫念若是？古者三年一朝、間年一聘，必執幣以為禮，請仍舊賞收，以廣尊親之義，且毋虛遠人嚮往之忱。」太后默不言。榮慶退而尤鴻禨曰：「頃太后所言，意甚美，不極力贊成，反遏之何也？」鴻禨笑曰：「公初領樞務，未知宮廷內情。向聊以覘吾曹向背，措辭一失當則譴怒至矣。」

卷二

頤和園

出西直門三十餘里即萬歲山，頤和園在其麓，再西五里為玉泉山，再西北十里為香山，皆列聖巡遊之地，所謂三山是也。園工初興，立山為內務府大臣，報銷八百萬金，寖以致富。是時太后初歸政，方藉園居娛老。上春秋盛，每事不欲自專，必稟命而行，常時輒一月數問起居，母子之間歡然無間。及戊戌康有為進用，熒惑聖聽，決意舉行新法，太后頗有違言。新黨畏忌之，相視莫可如何。園居曠而遠，易啟窺伺，於是有為始有邪謀。有為敗，太后再出垂簾，仍思戀園居風景，每初夏必挈上同往，冬而歸，或駐蹕南海，終歲宿宮中不數十日。

捐例

順治六年，戶部以軍餉不濟，請開監生、吏典、承差等捐納，從之，此我朝開捐之始。其後康熙十六年征三藩，三十年征噶爾丹，雍正二年征青海，皆開捐例（三藩捐例閱三載停止，收二百餘萬。北征捐例只貢監、紀級、封典，免保舉各項，銀數無可考）。乾隆時，有豫工例、川運例（二例所收銀皆過千萬）。嘉慶時捐例最雜，見之奏報可考者，三年有川楚善後例（收三千餘萬），六年有工賑例（收七百餘萬），九年有衡工例（收千百二十萬），十一年有捐輸例（收二百餘萬），十二年有土方例（收三百餘萬），十五年有續增土方例（收三百六十萬），十九年有豫東例（收七百五十萬）。今考吏部銓政別有籌備、武涉二班，列土方、豫東例前，亦必嘉慶時奏開無疑。然則十餘年間，九開捐例，亦猥雜甚矣。

道光時，英夷擾海疆，浙江受禍尤酷，事平，乃開善後例，銀數悉歸外銷（光緒十三年御史周天御奏言，道光年間曾因河工廣開捐例，今查吏、戶二部成案，道光無河工新例，或是嘉慶之訛）。髮匪亂起，廣東、廣西、湖南各設捐局供軍需，兩廣收捐三十六萬餘金，請獎人數多至一千七百餘員，戶部雖疑其濫，莫能撤也。咸豐元年奏開籌餉新例，乃悉停湘、粵外捐。光緒捐例與嘉慶同一猥雜，其始法越用兵，有海防例（事在十年）；河決鄭州，有鄭工例（事在十三年）；後又有新海防例。庚子之變，同時開三例：一，秦晉賑捐例，岑春煊主之；一、順直善後捐例，李鴻章主之；一、各省籌辦邊防捐例，疆吏分任其事，各不相謀。分發既多，外省、內部皆不能容，辛丑七月乃下詔停捐實官，局吏倒填月日，收捐如故。後一年，各督撫籌款困絀，復以實官請。戶部以詔墨未乾，難於轉圜，乃議典簿以上故有官職者准其加捐。既又推廣其例，令舉、貢、廩生皆得報捐實官，於是山東河工、廣西剿匪、奉天籌邊，皆奏准收捐如部庫。（各省賑捐但獎虛銜、封典者不數）。

報效

凡奸臣善迎合者，多藉言利以結主。知歲入有常經，不能過求於戶部；民窮慮走險，不能苛責於閭閻，則報效之說以起。當光緒十二年興海軍報效，時革員楊宗濂、姚寶勳、馬永修、陳本各獻多金，謀開復。主事延熙以五千金得郎中，郎中岑春榮以五千金得道員，道員周綬、沈永泉各以萬金得記名簡放。陽藉海軍為名，實用以給園工。在內醇親王奕譞主之，在外李鴻章主之，罔非獻媚宮闈，以為固寵求容之地。然當時利孔初開，內外稍知畏忌，受授之間不過如是而止。後練兵處祖襲海軍故智，仍用報效之法，罔利鬻官、輦金求進者自十萬以至數十萬不止，監司部郎上下不甚貴重，動以京堂相答謝。然交通關說必得要人指引，取徑而入。聞諸員報效海軍時副都統恩佑得賄獨多，張振勳進二十萬金報效練兵，擢太僕寺卿，私酬樞府乃過其數。始作俑者無後，李鴻章蓋不得辭其責矣！

陳右銘服膺曾文正

陳寶箴初以舉人謁曾國藩，國藩曰：「江西人素尚節義，今顧頹喪至此，陳子鶴不得辭其責。轉移風氣將在公等，其勉圖之。」子鶴者，新城陳孚恩也，附肅黨，官至尚書，日營求入閣，故國藩及之。寶箴以資淺位卑，愕然莫知所對。國藩字而徐解之曰：「右銘疑吾言乎？人亦貴自立耳。轉移之任，不必達而在上也，但汝數君子若羅惺四、許仙屏者，沉潛味道，各存一不求富貴利達之心。一人唱之，百人和之，則風氣轉矣。」寶箴謹佩不忘，對江西人輒傳述其言，且喜且懼，自謂生平未受文正薦達，知己之感，倍深於他人。

朝士嗜好

道光時，京朝士大夫好談考據訓詁，其後梅曾亮、曾國藩倡為古文，邵懿辰、龍啟瑞、陳用光、王拯、朱琦皆從之遊。一時為文者雖才力各有不同，皆接踵方、姚，尊尚義法，各以品誼相高。光緒初年學派最雜，潘祖蔭好金石，翁同龢，汪鳴鑾好碑版，洪鈞、李文田好輿地，張之洞好目錄，張之萬好畫，薛福成、王先謙好掌故，雖不能自成一家，亦足覘其趨向。余甲午至京，祖蔭死已久，之洞外用，先謙被斥旋里。及戊戌再來，汪、翁先後忤旨歸，洪、李亦皆物故。其時太常卿袁昶好為詩歌，刻書籍；王懿榮、盛昱精賞鑒，收藏甚富，彬彬有儒雅風。近數年來崑岡好飲，裕德好潔，徐郙好優伶，奎俊好佛，徐琪、曾廣鑾好狎邪遊，張百熙好搜羅浮薄名士，諸王貝勒若善耆、溥倫好彈唱，那桐、胡燏芬一意媚洋，好與西人交涉。其四品以下京官奔走夤緣求進者，終日閉車幰中，好弔死問生、宴賓客，其鄙陋者好麻雀牌。

京師梨園

京師人好聽戲，正陽門外戲園七所，園各容千餘人，以七園計，舍業以嬉者日不下萬人。子弟中最負盛名者曰汪桂芬、譚鑫培。鑫培每入場，座客各增百錢，一日鬻技過百金，私宴酬贈尤多。桂芬聲價出鑫培右。癸巳順天鄉試，同門諸友宴大學士裕德於湖廣館，遣使齎八十金相約，已諾之矣。裕德聞有桂芬，終宴不疲，待至四鼓，促請絡繹載道，竟不至，舉座為之索然。同時有路三寶妝束妖冶，善新聲，立三孌之。拳匪之難，立三被戮，親故畏禍皆避匿，三寶攜酒祭西市，哭泣甚哀，取頭貯銅盤，吮其面血，聞者莫不義之。德處亦京師名優，故相穆彰阿之孫、崇綺之甥，其叔薩連，官兵部左侍郎。

部費

祖宗舊制，督、撫受成於六部，非吏部核准不能私用一人，非戶部核准不能私銷一款。其後保舉日濫，員缺多違例拔補，往往遭部詰，於是吏、兵二部始有補缺費、保獎費。外款報銷戶部者十之七八，報銷兵、工兩部者十之二三，侵蝕既多，概非實數，於是戶、兵、工三部始有報銷費，皆內外胥吏交通關說，私以自肥，堂司染指者絕少。自兵部尚書長庚、吏部尚書張百熙倡議裁書吏，工部尚書鹿傳霖繼之，化私為公，先後開單入告，遂視儻來為固有，行公文提取，莫有議其非者。六曹以刑部為最苦，適刑訊停笞杖，以下皆罰金，遂攤派各州縣，歲解二百金，懸為定額。翰林院聘一俄教習，講、讀、編、檢皆從之習西文，掌院孫家鼐請旨，飭下各省歲解學費銀，大省五百，小省四百。欽天監頒發黃曆，每本責州縣繳銀二兩，亦奏請邀准。君臣上下日孳孳以利為事，不復問國體，嗡嗡呰呰，亦孔之哀，是誠可哀矣！

督撫奢儉

左宗棠撫浙時遺諸子書，自言非宴客不用海菜，窮冬猶衣緼袍。同時閻敬銘、陶模、李秉衡皆以清操自勵。敬銘初入政府，有布衣脫粟之風，或饋之饌，必留以待客，客至，經宿味變，相率擱箸不敢言，敬銘飲啖自如，弗覺也。模鰥居十餘年，既升甘肅臬司，其夫人始來省視，不一月即遣送回家，隨身食指只幕賓二三人而已。秉衡起自遼瀋，行輩稍後而刻苦過之，既罷官家居，躬自灌園，夫人操作如灶下婢。後再起巡撫山東，山東人聞其將至，酒館、衣莊同時歇業者凡十餘家。秉衡與鄂撫于蔭霖為密友，敬銘與東撫丁寶楨為姻親，四人皆有儉德，唯疾惡太甚，小人多不便之。

大抵國愈窮則愈奢，愈奢則官常愈敗。傳聞袁世凱侍姬甚眾，每幸一姬輒賞賜金珠多品，吃餘煙捲拋棄在地，僕人拾之，轉鬻洋行改造，獲利不下數千。端方移任時，所蓄玩好、書畫、碑帖數十車，運之不盡。前雲南礦務大臣唐炯、今外務部侍郎唐紹儀，餚饌之豐，每膳必殺雙雞、雙鶩，具鮮肉多筋，金華腿一具，取其汁以供烹調，骨肉盡棄去，亦暴殄甚矣。

左文襄循資進用

近世言破格用人，多引左宗棠為口實。徐致靖疏薦康有為，言宗棠以舉人賞三品卿，督辦軍務；柯劭忞疏請慎用丞參，亦言宗棠以舉人授四品京堂，當時比之形求夢卜。二公嫺於掌故，故所言云然。其實宗棠亦循資而進，非破格也。咸豐四年，駱秉章禮聘宗棠入幕。六年，以籌餉功保郎中。八年，秉章復疏其運籌功入告，詔加四品卿銜。十年，募六千人援浙江，始以四品京堂候補。

夫以一舉人歷保而得郎中，由郎中得卿銜，由卿銜得候補京堂，戎馬倥傯之中，歷五六年始進一階，年且五十，亦遲鈍甚矣。既自領一軍，甫至江西，大破寇景德鎮，連復德興、婺源、浮梁三城，曾國藩上其功，詔以三品京堂候補。十一年，破李世賢於樂平，斬七千人，復建德、徽州，皖南略定，始擢太常寺卿，升浙江巡撫。京官三品視外官二品，由常卿升巡撫，亦猶由郎中放府道耳。世徒知宗棠由舉人起家，而不考其中年履歷如此，今日躁進之徒乃欲援以自解，不亦怪哉？

中俄交界圖

伊犁之西，科布多之南，有地名帕米爾，扼西域回部要樞，中國棄為甌脫。俄人謀英思由此窺印度，乃詭為一圖，悉圈我甌脫闌入俄界，條例山川里道，五色燦然，甚精密可愛。是時，京朝士大夫多講西北輿地學，若徐松、張穆、祁韻士、李文田等，皆詳於考古，而略於知今。

兵部侍郎洪鈞方出使俄國，亦好談輿地，嘗注《元史．地理志》未成，見俄圖大喜，出重金購之，譯以中文，自作跋語，名曰《中俄交界圖》，以為海外秘本，可傲徐、張諸老，獻之總署，且得褒獎也。俄人既售其術，潛遣師襲據帕米爾，謀通南方。英人來詰總署，謂何故割地畀俄，總署愕然，以詢俄使，俄使檢鈞所譯新圖示之，指明兩國界線，堅不認咎。鈞方寢疾，聞邊事棘，始知受欺，且懼譴，疾益劇，遂卒。俄人尋割帕米爾南疆與英和，英、俄既定約，中國不能與爭，遂喪地七百餘里。或云此案洪鈞為張蔭桓所賣。

託名著書

文士厄於時命，託身皋澤，不能及物，欲借一二空言光顯於世，往往依附於人，為富貴強有力者所掩。世傳《呂氏》〈八覽〉成於門客之手，以余觀國朝諸著述家，如《呂覽》一流者蓋不少也。南海伍崇曜以貲雄於一鄉，延譚瑩於家，為輯《粵雅堂叢書》數百種，各有題跋，殿以崇曜之名，後其書盛行海內，士林交口頌南海伍氏，鮮有道及瑩者。《行水金鑒》本鄭餘慶撰，題曰傅澤洪。《皇朝經世文編》本魏源撰，題曰賀長齡。《續經世文編》本繆荃孫、汪洵合撰，題曰盛康。《讀史兵略》本汪士鐸撰，題曰胡林翼。左宗棠始入張亮基幕，繼入駱秉章幕，今所傳張、駱二司馬奏稿皆宗棠筆也。李鴻章奏議先為薛福成等擬，後為吳汝綸、于式枚等擬。徐松代松筠撰《新疆識略》，筠遂進呈御覽，稱為「欽定」。畢沅開府武昌，幕賓最盛，精研史學者推邵晉涵，今所傳畢氏《續通鑑》一書，半係晉涵裁定，分任纂述者。歲久不能具述，蓋湮沒久矣。至徐乾學諂事明珠，刻《通志堂經解》成，駕名納蘭成德，擕板贈之，其卑鄙蓋不足道矣。

江淮巡撫

乙巳某月，割淮揚徐海三府，一直隸州建江淮省，改漕督為巡撫，仍駐清河，從修撰張謇議也（原議並割廬、鳳）。江蘇全省疆域不及川蜀四分之一，蘇、寧各駐布政使司，督、撫分城而治，既割棄江北，總督權限不出江寧一府，一切理財、用人，捕盜、剿匪，如治絲而棼，不可爬理。蘇人官京朝者推左都御史陸潤庠為首，聯名力爭，請收回成命。江督周馥亦以為言，乃罷行省，改設江北提督，簡用劉永慶，體制一如總漕。永慶，河南人，袁世凱姻黨，以試用道從世凱練兵，充軍正使。既超擢提督，兼侍郎銜，節制鎮道以下，儼然開府一方，專奏報，比於督、撫矣。

一門兩皇后兩福晉三夫人

孝欽為嘉湖道惠徵女。惠徵沒於任，遺二子二女，子長曰桂祥、次曰兆祥，女長為孝欽、次為醇親王奕譞福晉，自是連三代皆婚帝室。桂祥三女，一為隆裕皇后，一為順郡王福晉，一為澤公夫人。兆祥女為澍貝勒夫人。桂祥子曰佛佑，佛佑女為倫貝子夫人。澍貝勒見孝欽專，德宗孤立，心不平，由是與夫人不睦。孝欽大怒，圈禁高牆累年，至宣統初始釋。載澤、溥倫皆緣妻寵，出而任事。載澤尤橫，以其夫人與隆裕為同胞姊妹，時往來宮中，私傳隆裕言語以挾制監國也。

蔣式瑆參慶王

高宗十七年，慶僖親王永璘薨，子綿愍嗣。綿愍薨，子奕綵嗣。奕綵薨，無嗣，兩叔綿悌、綿性爭爵，詔兩斥之，以性子奕劻為綿愍後。初封貝勒，後封親王，辛丑回鑾後寖寖用事。既領樞務，五福晉爭寵，各通賄賂，積存金錢日益增多，寄頓滙豐洋行達百萬。道員吳懋鼎為滙豐司會計，私以告御史蔣式瑆，式瑆劾之，事下尚書鹿傳霖、左都御史溥良查辦。奕劻大懼，遣使先與吳約，願割其半以借券還之，請勿宣，吳許諾。翼日，傳霖等至，呈其簿據觀之，凡巨室所存母金皆隱其名曰某堂、某會。傳霖等不能辨，亦不願窮竟其事結怨於王，遂以查無實據入告，而式瑆斥還翰林院，懋鼎寖寖富矣。

督撫各私利權

直省分疆出入皆有定制，沈葆楨與曾國藩爭九江關稅，軍興時已不相讓。邊瘠遠省受內地協餉，皆由戶部指撥，督、撫不得以私誼相通融。自張之洞由山西調廣東，挾貲二十萬以往，權南洋督篆不百日，搜索江寧財賦彌補武昌。天下一家，視去留為厚薄。踵其跡者張曜，移毅軍防山東，令河南供其軍餉，兩省騰章相詆，屢見邸抄。柯逢時升廣西巡撫，臨行奏撥江西統捐二十萬，歲協桂軍，藩司不能與爭。逢時本出張門，好大喜功，頗與之洞相似。

疆吏調員

辛丑款夷後，捐例大減，江蘇試用道多至三百餘員，然皆限於流域，非特旨升調，終身不出。本省近歲以來，督、撫量移之際，既掣亂其財政，又牽動其私人，累然如幕客官親，相率尾之而去，錫良赴四川，調蔡乃煌等十餘員；柯逢時赴廣西，調王芝祥等十餘員；周馥赴廣東，調沈桐等二十餘員。自是習為故事，疆臣援案以請，輒降中旨允之。奉天將軍趙爾巽、兩江總督端方調人尤猥雜，見之邸報者有廢員、有學生，有選人、有部曹、有中書、有編修、有庶吉士，各視交誼厚薄，隨地位置，同僚皆側目相視，莫可如何。隨岑春煊入粵者曰張鳴歧、祖繩武，鳴歧以候選同知不數年遂至巡撫，繩武因柳州兵變喪其首領，其亦有幸不幸歟？

光緒朝政府

自光緒元年至三十二年，前後秉樞政者三十一人，罕能以恩禮終者。恭親王奕訢、寶鋆、李鴻藻、景廉、翁同龢以甲申被劾黜。同龢再入再黜，且削職禁錮於家，左宗棠以外任黜，張之萬、額勒和布以甲午被劾黜，閻敬銘以寵衰予告黜，孫毓汶、徐用儀以乙未與同龢不合黜，錢應溥以戊戌政變引疾黜，廖壽恆以阿附康黨自疑黜，王文韶以爭廢科舉黜，禮親王世鐸以庚子隨扈不及黜，趙舒翹、剛毅、啟秀以縱容拳匪黜，旋誅死，鹿傳霖、榮慶、徐世昌、鐵良以丙午釐定官制黜。其克終於其任者，唯文祥、桂良、沈桂芬、許庚身、潘祖蔭、榮祿而已。

今在位者四人，世續、林紹年新入，未有建白；慶親王奕劻、瞿鴻禨屢被彈奏，以詭遇免。甲申五大臣之同日退值也，或云醇親王奕譞傾奕訢，或云毓汶傾同龢，疑莫能明。後詢思南程編修，乃知為盛昱所劾。聞盛昱上奏時，置酒意園，諸名士畢集，謂五臣且受申斥，不疑遽罷也。薄暮見諭旨，舉座失色。繼任者為世鐸、額勒和布及之萬、敬銘，盛昱復歷詆之，謂不及舊政府遠甚。太后怒曰：「盛昱利口覆邦，欲使官家不任一人！」裂奏抵地大罵，自是蹭蹬不起。翁、李皆清流所依附，是時陳寶琛方視學江西，聞朝變不懌，按臨至瑞州，以「聞道長安似奕棋」命題，一生構思不及，拾西漚陳句入詩，有「天心收拾易，國手主張難」兩語。寶琛讚賞，朗誦不絕，拔高等。

近人書畫

戴熙畫跡初不貴重，南皮張之萬一意摹熙，不惜重金購之，聲價頓起。余甲辰遊廠肆，以十二金購一便面，友人李希聖見之，猶以為不甚得意之作。同治時錢澧尚無書名，翁同龢學錢書，極力游揚，名遂高出劉墉、王文治之上。奉新許振禕出祁寯藻門，其書可亂祁；楊翰與何紹基友善，其書可亂何，掩其下款，雖廠賈莫能辨。近所見同龢書多係許葉芬、祝椿年偽筆，成親王書多係葆初偽筆。皖人姜筠畫山水，嫁名王翬，絕有佳者，雖親密至好求其片縑，非先贈潤筆不予。大約文藝之士或傳或不傳，亦各有命，非可以力爭，死後得一知己，勝於生前十倍。尤侗、袁枚才名傾動一時，世愈遠而價值愈輕，則中有所不足也。

督臣凌蔑司院

張之洞督兩廣時，潮州府出缺，私擬一人授藩司游百川，而百川已許巡撫，遂壓置勿用。之洞大怒，即日傳見百川，厲聲責曰：「爾邈視我而媚撫院，亦有所恃乎？」百川渝曰：「職司何恃之有？舊制，兵事歸總督、吏事歸巡撫，職司居兩姑之間難乎為婦，不得不按制辦理。」之洞益怒曰：「巡撫歸總督節制，天下莫不知之。汝安從得此言，其速示我，我當據汝言入告，以便脫卻吏事不問也。」百川懼，歸檢《會典》，倉卒無所得，憂之至嘔血，之洞持之急，遂謝病歸，自是廣東政權盡歸督署而巡撫成虛設矣。

後戊戌變政，凡巡撫與總督同城者悉裁罷之，不數月，孝欽再出垂簾，下詔復設如故。詔言：「督、撫分管兵政、吏治，雖同居一城，各有所司，毋庸裁汰。」一如百川前所云云。乃知總督兼轄兩省，以資策應，蓋國初專為用兵而設，遇兵事則有節制巡撫之權，吏治非所問也。之洞非懵於掌故也，平時恃才傲物，狹小漢家制度，故事事把持如此。

南黨北黨

李鴻藻好收時譽，諸名士皆因之以起。光緒初年，臺諫詞垣彈章迭上，號為「清流」，實皆鴻藻主之。唯鄧承修、邊寶泉無所依倚，鴻藻每入見，凡承旨詢問，事不即對，輒叩頭曰：「容臣細思。」退朝即集諸名士密商，計既定，不日而言事者封事紛紛上矣。南皮張之洞、豐潤張佩綸尤為鴻藻所器重，鴻藻欲援之洞入軍機，孫毓汶等忌之，遂以內閣學士出撫山西。又欲出張佩綸，鴻藻堅執不可，卒有馬江之敗。寵之適以害之，非鴻藻所及料也。鴻藻引拔多直隸同鄉，世稱為「北黨」。迨翁同龢，潘祖蔭出，南黨稍稍盛，然視二張聲氣不及遠矣。

外務部媚夷

吾友張若虛曰：「外務部不撤，夷難且未已。」聞者莫不怪之。若虛又曰：「國際交涉凡數六端，朝聘、燕饗屬禮部，民教爭訟屬刑部，立約通商、國債屬戶部，海陸軍戰事屬兵部，鐵路、礦務屬工部，凡當世所稱洋務皆內政也，何外之有？」世人蓋潛笑之。頃歲部丞顧肇新、陳名侃，參議鄒嘉禾、雷補同等最為用事，侍郎伍廷芳持論不合，即擠去之。堂司官坐擁厚糈，專恃媚夷為固位計，狡者作倀，鈍者作媒，其能知外部為中國朝廷所設者，蓋無幾人。

安徽爭銅官山礦，部臣告皖撫曰：「皖南北礦產甚豐，此區區者何必與較？」丙午南昌教案起，初許賠六十萬，江西京官聯名力爭，部臣曰：「南人多野蠻，不重創之，何以警後？」其紕謬若此。後士氣日囂，亦自知其非計，遇事輒電詢疆臣，候疆臣覆電，即聲稱准某督、撫諮云云，不置可否，為脫卸之計。當時至稱外部為「德律風公司」，蓋嗤其但知為人傳話。曩譯署未興，地方官各有交涉之權，遇事執理不屈，外人亦無如何。既設署招引，輒麇聚而吠於朝，外吏懼得罪，不得不曲意從之，於是教案日棘，奸民乘之以起，有盜賣浙西、皖南礦產者，有盜賣陵地者，有購取洋旗設商行偷漏關稅者，口角細故起爭端，輒煩主聽。余初疑張君之言過高，至是乃大折服。

鐵路

光緒二年，英人就上海租界闢鐵路通吳淞，江督沈葆楨大懼，以二億八萬五千金購歸中國。此為內地開通鐵路之始。六年，俄人以伊犁故與我不協，沿海戒嚴。新疆巡撫劉銘傳請籌辦鐵路，李鴻章讚之。參議劉錫鴻使德意志歸，力陳不可者八，朝廷亦勿詰也。自是以來，強鄰眈眈，邊事大壞，其北則俄之鐵道已及琿春、恰克圖，又西北至七河；其西則英之鐵道已抵獨吉嶺，又轉而西南以及蠻暮；其南則諒山牧馬鐵道與法為鄰。一呼吸間，三國之師已踐我戶庭。

於是湖廣總督張之洞始有蘆漢鐵路之議，遲之又久，至二十一年定約借比債，始克興工，閱十年而工竣。是時，西人習知鐵道利益，傾資極力包攬，凡京津、津榆、淞滬、津鎮、滬寧數大支路悉歸掌握。東南各省恐其蠶食不已，謀先發拒之。出使大臣梁誠首倡議贖粵漢自辦，內則張之洞為主，遂廢美約，舉鄭觀應為廣東督辦，黃景棠佐之；袁樹勛為湖南督辦，王先謙、余肇康佐之。各省同時並興，江西舉李有棻，福建舉陳寶琛，浙江舉湯壽潛，安徽舉李經芳，四川舉胡峻，潮汕舉張煜南，然皆徒手號召，不名一錢，不得已乃議捐派。閩、蜀畝捐最苛，皖、蜀彩票捐最瑣。經芳議抽米捐，蕪湖商驚徙遠避，幾釀大變；江西試辦鹽捐，不一年短銷官引十餘萬，乃改辦九江米捐。百物騰貴，窮民輕棄鄉里，遊食四方，盜乃盛於此時矣。

科目盛衰

本朝最重科目，咸、同時俗尚未變，士由異途進者，鄉里恥之。左宗棠以舉人參楚南戎幕，敘功至郎中，加卿銜，曾國藩、胡林翼、宗稷辰交章論薦，堅不就官，乃欲請諮會試。文宗謂郭嵩燾曰：「左某年且五十，可勸令早出，何改以進士為榮耶？」奉新許振褘從國藩遊最久，屢次軍營保獎，皆辭謝不受，卒入翰林，擢道員，官至廣東巡撫。

江西人嫁女，必予秀才。吉安士俗，非士族婦人不敢躡紅繡絲履，否則嘩然訕笑，以為越禮。新翰林乞假南歸，所至鼓吹歡迎，斂財帛相贐，千里不齎糧。廬陵周氏、泰和蕭氏由淮鹺起家，擁貲各數百萬。新法初行，巡撫柯逢時勸令輸財市義，為奏獎京堂，兩家子弟皆不屑。周維藩選拔蕭敷德、敷政兄弟，先後領鄉薦，極力營求，一舉擲數萬金不惜。光緒庚子以前，余親見者尚如此。後遇永新龍舍人於京師，詢其遺俗，今不然矣。諸生焚棄筆硯，展轉謀食四方，多槁死。翰林回籍措貲，俗名「張羅」，商賈皆避匿不見。科舉廢，學堂興，朝局大變，蓋不獨江西為然也。近歲十一科殿撰陳冕早卒，黃思永由獄中赦出。久之乃還原官。趙以炯、劉福姚、駱成驤皆困躓不起。後進若劉春霖、王壽彭入進士館，屈伏充生徒。張建勳、吳魯稍通聲氣，同時簡放學使，又投之吉、黑。夏同龢遊學東瀛，三年畢業歸，自循其髮已割辮，改易西裝，妻孥相對悲咤。唯張謇已經商致富，人皆豔之。

教案

甲午議和以後，中國畏敵如虎，教士勢力日益滋長，奸民失業者從之如歸，蒙俱以弱良善。浸而告訴無門，私相仇殺，或以口語相怨惡。教士受教民播弄，遇事不關白地方，輒訴之領事。領事詰外部，外部得夷書一紙，惄然恐開邊釁，即請旨嚴詰督、撫。督、撫責州縣保護不力，不問事曲直，輒劾罷之。江西學政黃均隆試撫州士，以士子改裝遊學比之西人變服傳教命題，主教疑均隆譏己，電訴於朝，即傳旨申飭。於是外吏以媚洋為得計，選人捧檄出都，不暇問缺肥瘠，聞屬地無教堂，即額手稱慶。報館懼封閉、奸商苦關卡需索，出資購取洋旗，十居八九。粵人籍叢林房屋，上之當道，議改學堂，順德某僧挾金赴洋行保險遂免。

近十餘年來，民畏官，宮畏督撫，督撫畏外部，外部畏公使、領事，內外隱忍，層累壓制，民積怨不伸。好亂者掉弄筆舌，因之罵官長、倡新法，積非成是，牢不可解，浸成不可收拾之勢。考世變者當知中國之弱，不弱於甲申、甲午、庚子之失敗，而弱於總理衙門外務部之媚夷。可嘆也！

二張

張亨嘉以光祿寺卿充大學堂監督。或問中西學優劣，亨嘉曰：「中國積弱至此，安有學？即有學，安敢與外人較優劣？假而甲午爭朝鮮，一戰而勝日；戊戌援膠州，再戰而勝德。諸夷跂足東望，謂中國之盛由人才，人才出科舉，歐美各邦將有效吾楷摺八股而立中華學堂者矣！」憤激之辭，以詼諧出之，聞者莫不傾倒。亨嘉裁抑學生甚嚴，又與管學大臣不相中，受事不久，旋即解任，改用編修李家駒。

家駒趨時善變，甫入學堂，遂開運動大會，短衣褶褲跑三百密達，自誇武勇，報館甚稱頌之。學部初開，熙瑛受事不一月暴卒，調張仁黼為侍郎。是時，喬樹枏方專部務，尚書榮慶之黨也。初議設左、右二丞，樹枏請用一人，意在獨任。仁黼曰：「朝廷多用一人，即多一人為吾曹分謗，此地豈宜久居？要當各自檢點耳！」樹枏遂不敢言。後議改學政為提學使，仁黼執不可，出語侵榮慶。榮慶不能堪，入言張某不可共事，即日遷工部，嚴修遂以一人兼左、右侍郎。濁世非自穢不足以容，二張亦可謂矯然自好矣。

吳摯甫東遊被謗

吳汝綸從李鴻章最久，鴻章督畿輔十餘年，前數年疏奏多屬薛福成起草，後則汝綸筆也。汝綸嘗知冀州，罷官後主講保定蓮池書院，成就弟子甚眾。初以古文得名，晚歲好談新學，侯官嚴復每譯一書，必求汝綸潤色。辛丑重開大學堂，張百熙薦為總教習，特賞四品卿，偕紹英入東洋考察學務。日人慕汝綸名，禮侍甚優，留學生亦開會歡迎。紹英旁睨之殊不平，密電學部，言東洋學生多主革命排滿，汝淪日與為緣，言論叵測，恐生變。學部急召汝綸歸，汝綸知中讒，年老憂懼成疾，遂致不起。後一年，紹英以考察政治大臣隨載澤出使歐美，臨發，遇盜傷左肱，大索十日不得。旋緝訪知為吳樾，已炸死。樾，汝綸族子，亦東洋留學生，或云為汝綸復仇，莫能質也。

新增財賦

無政事則財用不足，不節流而急急開源，適便於小人行私，上下皆受其害。余觀近時籌款之法，灼然共見者蓋有數端：一曰百貨統捐，創自江西；一曰煙酒增稅，一曰酌提州縣盈餘，一曰八省膏捐，皆創自北洋；一曰銅元餘利，創自廣東；一曰漕糧折價，一曰推廣捐例，皆創自部臣；一曰房捐，一曰米捐，一曰畝捐，一曰報效，一曰彩票，一曰鹽斤加價，一曰整頓契牙各稅，皆東南各督撫私自籌畫。取民之法愈巧，侵蝕之術愈工。三年之間，戶部再火，天意蓋可知矣！

京堂之多

四、五品京卿，舊制以郎中、給事中分途並用，遞升至三品，遂躋侍郎，途雖迂曲，亦有因之以自奮者。庚子以後，候補京堂多至三、四十員，猶日進未止，或以江南候補道比之，濫可知矣。有由使差得者，如蔡鈞、楊樞、李盛鐸、劉式訓、梁誠、孫寶琦是；有由襄辦敗政得者，如張允言、黎大均、劉宇泰、瑞豐是；有由軍機章京得者，如郭曾炘、楊壽樞是；有由隨同議約得者，如于式枚、徐壽朋是；有由恤蔭得者，如李經邁、李經芳、左孝同是；有由勞績得者，如張柳是；有由報效得者，如龐元濟、張煜南、吳懋鼎、陳時利、張振勳皆是。振勳交通王文韶，進十萬金，除太僕寺卿，加侍郎銜，出為商務大臣，聲勢甚盛。自是郎中、給諫永無推升之期，皆翹首望外放矣。

保案之濫

近世保舉之弊，十倍於捐納，百倍於科舉。始時河工安瀾有保（永定河、東明黃河、南河、漕河兩年各保二十員，山東黃河兩年保四十員），漕運有保（江浙海運、本省津通每歲各保六十員），邊防有保，五城水會有保。已而洋務大興，使館隨員有保，出洋肄業有保，機器局、船政局、洋務局、水師學堂、武備學堂莫不有保。各定年限，分別等次，開巧宦幸進之門，謂之例保。始而剿匪獲盜有保，河工合龍有保，各館修書有保（會典館、方略館、國史館、玉牒館），慶典有保。已而海防有保，勸捐有保，招墾有保，籌辦電報、鐵路有保，救護商船有保，督銷緝私有保，釐金溢額有保。一歲保數十百案，一案保數十百員。刁紳、劣幕、紈絝皆竄名其中，謂之案保。

辛丑車駕西歸，或云宜素服郊迎哭廟而後入，未幾各部院大臣開單入奏，某某居守有功、某某扈從有勞，各保升階，鮮不破涕為笑。又經殘破之後，大興土木，城工、陵工獎敘甚優異。廣西初報肅清，游匪數十過黔境，掠丙妹四寨，會垣發兵追之不及，遂張皇入告，保列百餘員。藩司邵積誠、袁開第，臬司全楙績，貴陽知府嚴雋熙各援其子弟幕賓得官，仁懷同知涂步衢貽書來告，余甚詫之，後詢普定令鄒炳文，云：「外省保案莫不如是，非獨丙妹也。」丙午五月，從御史劉汝驥言，令政務處嚴定限制章程，冒濫猶自若也。前明用人只科舉一途，及其亡也，人才之眾不減我乾、嘉全盛之時。或顧謂科舉所學非所用，豈不誣哉！

《湘軍志》

髮捻既平，南方傷痍暫復，曾國荃督兩江，念湖湘戰士勞苦功高，恐日久傳聞失實，延湘潭舉人王闓運撰《湘軍志》，輦家藏文牘、軍報悉以遺之，月薪供給甚厚。書成，闓運手寫付刊，中興諸將無所不譏侮，於曾氏微詞尤多。其言曾軍圍攻金陵，朝命促李鴻章會師，國荃憂憤，恥借力鴻章，日約將士穴地隧城，期必破。又云捐輸籌餉，必避富貴權勢之家，湖南藩司李榕倡言米捐當先大戶，國荃有田百頃，榕不能問。其餘抑揚高下之間，若笑若罵，使筆如口，令人難堪。國荃見書大怒，乃索其板燒之，命東湖王定安別撰一書曰《湘軍記》。世人愛前書文字奇詭，後十餘年國荃薨，復翻刻於成都。或改為《湘軍水陸戰紀》者，妄也。

新衙門爭權

舊制，京員簽分入部者，其途有四，曰進士、曰拔貢、曰蔭生、曰捐納。非由此四途，雖樞府大僚欲位置一人，不能也。部務皆有成例，尚、侍欲以己意相高下，曹、郎得引例爭之；曹、郎欲出入輕重於其間，胥吏援例以請，亦不能強辭辯也。其處理未協者，雖奏聞請旨，疆臣輒拒不受。自總署改外部，商部、警部、學部接踵而興，用人行政本無軌轍之可循，移文提取動輒數十百萬，指名奏調動輒數十百人。奔走小吏夤緣輻輳於公卿之門，投其意向所趨，高者擢丞參，次者補郎員，人不能責其徇私；朝三而暮四，此是而彼非，語言相軋，權力相傾，苞苴相唯諾，人不能責其亂法。聚無數闒茸小人於一堂，其面目可憎，其齒牙距角可畏，於是造謀生事，外擾亂郡縣，內攘奪六部之權。

廢科舉、立學堂，則禮部之權歸學部矣。盡裁天下綠營，練巡警兵，設四品廳丞理京師刑名，權位視古廷尉，則兵部，刑部之權為警部所侵矣。關卡釐稅居司農歲入大半，商部曰「此商務，當關白我」，是與戶部爭權也。庚子之變，外吏以保護教堂不力，被劾去位者凡數十員，事後稍稍開復，外部曰：「此外人交涉，當照會使館，由我定准駁」，是與吏部爭權也。大理院興，法部遂成閒曹，兩衙門分爭權限，諮會往來，輒相水火。天下一統而輦轂之間先成乖離破碎之象，識者已知其不祥。後警部改為民政部，直無所不統，自署置官僚如吏部，自創辦鋪捐、車捐如戶部，自練警兵如兵部，自開學堂如學部，把持訟獄如刑部，大治街道關馬路如工部，其實皆地方有司職守，古未聞以尚書親民事者。

同罪異罰

近時賞罰多有不可解者，段芝貴以楊翠喜事奪職，人皆快之；而尚其亨獻妾於榮祿，遷布政使，楊士琦獻妾於袁世凱，遷侍郎，不唯佚罰，且梯緣竊取高官。然猶可諉曰未經廷臣彈奏，朝廷不知也。唐紹儀以引用陳昭常、施肇基受譴，而徐世昌保陳友璋為丞參，友璋本知州，冒稱道員得保事，為言官舉發，部議革職，而世昌無絲毫牽掛，安富尊榮自若也。戊戌附康梁者皆獲罪，而張之洞、張百熙獨免，端方且因之以得京卿，岑春煊且因之以放藩司，內外皆不敢置喙。

榮祿嫁女於醇王，疆帥各遣使齎金帛致賀，贓物累累。奕劻七十生辰，山東巡撫楊士驤獻金佛十尊，尊各高三尺。吉林將軍達桂獻玉魚一具，周身鱗甲，皆金鋼寶石裝飾，過崇文門為監督搜得，估稅應納銀三萬，物之貴重可知。而商部主事龔心銘懷五百金見載振、潼關同知進百金於李蓮英、提督萬震春獻三百金於載洵，皆嫌其太嗇，遂劾罷之以沽直名。莊子謂「竊鉤者誅，竊國者侯」，不誠信與。

岑雲階入京舉動

岑春煊既調四川，有詔促令西行。春煊自陳有面奏機宜，拜疏後即由漢陽乘快車，一日夜抵京。朝士突聞其至，皆盻然，或云且入軍機，或云將奪袁世凱之位。太后念扈從舊勞，褒寵倍至，連召見三日，憫其宿疾未痊，不欲勞以疆寄，內用為郵傳部尚書。春煊甫入見，即面參奕劻父子及楊士驤、陳璧，太后曰：「任天下事誠大難，卿在粵中，譽之者半，毀之者亦半，安能盡如人意？」春煊曰：「臣自知為眾論所不容，幸賴聖明保全，然攻臣者亦有指臣黷貨行私者乎？」太后默無語、及郵傳部尚書命下，未蒞任，即又劾罷右侍郎朱寶奎，人皆快之。

然春煊雖好直言，褊急不能容物，政見舛謬與世凱同，而素不和睦，唯李蓮英頗左右之。既與奕劻不協，為尚書不一月，復出為廣東總督，臨行乞借洋債千萬，大舉辦新政，並請立上下議院，大更官制，各省設諮議局，各府、州，縣設議事會，諄諄以實行立憲為囑。疏稿近三千言，出自幕客姚紹書、高鳳歧手，其剛可用，其智則黠矣。

郵傳部不利堂官

郵傳部初開，用張百熙為尚書，胡燏棻、唐紹儀為左右侍郎、命下而燏棻病篤，未幾遂死，改用江西巡撫吳重熹，以其舊辦電政也。重熹渡鄱湖，大風覆舟，援起，絕而復甦，京師人不知確耗，有為之設祭招魂者。紹儀依北洋以起，故會辦鐵路大臣，一手把持部務，與百熙爭權，屬曹分為兩黨，爭辯不休。侍讀馬吉樟劾之，兩人皆受譴責。右丞陳昭常為紹儀同鄉，狎友右參議施肇基為紹儀侄婿，皆牽連罷官。百熙旋中寒疾，誤服芩連不起。林紹年署尚書，不一月，岑春煊代之。春煊與奕劻不合，出為兩廣總督，陳璧又代之。紹儀外用為奉天巡撫，繼其任者為朱寶奎。春煊奏彈奪職，召廣東提學使于式枚為右侍郎，旋即出使。設部未及半年，死者、去者、革者相繼連綿不絕，說者多謂郵傳部不利堂官，後陳璧亦為謝遠涵劾罷。陰陽小數，誠可怪矣！然前車雖覆，後進者猶賈勇直前，初不以為戒也。

林侍郎持正

林紹年在樞廷，頗持正論。趙啟霖革職時，紹年謂諫官本許風聞言事，事雖不實，當稍示優容。及瞿鴻禨被惲毓鼎劾罷，紹年又謂大臣當進退以禮，一疏遂小臣造作語言，遽行放斥，後復誰敢任天下事者？積此二故，與奕劻不協，遂奪尚書，改度支部侍郎。尋自陳疏闇，求解樞務，太后不允。每日隨班上殿叩頭，甚慚懼不安。丁未六月，安徽巡警會辦徐錫麟炸死巡撫恩銘，率黨劫軍械局以叛。布政使馮煦電奏至，舉朝大駭。奕劻欲因是擠去紹年，請出之以代恩銘，世續曰：「皖省事簡，今亂首已獲，遽出樞臣為巡撫，恐南人震驚，新黨互相猜疑，激成大變。馮煦辦賊尚好，以節鉞授之，必無事。」太后大悟，即升煦為安徽巡撫，煦執錫麟誅之，摘心生祭恩銘，皖變遂定。

藩司受制督撫

藩司去督、撫一階，用人、行政皆其責。督、撫專奏報，藩司遂不能與爭，年終密考，聽其一言以為進退。許振禕任江寧藩司數年，自言如作典史，督、撫遇有事故，例用藩司護理，稍欲自伸其志者，必招後任之忌。江督劉坤一薨，李有棻攝篆，不一月四上封奏，巡撫恩壽大惡之，年終密考，竟以「貌似有才，居心險詐」八字擠之去位。其後丁振鐸蒞滇，先劾藩司李紹芬去之；錫良蒞蜀，亦先劾藩司某去之；偏任太專，漸成尾大不掉之勢。恩壽移節山西，以學生私函劾罷藩司吳匡，疏中只摘其一二瑣事，聞者皆為之不平。近唯見岑春煊以廣東藩司參總督譚鍾麟，馮子才以雲南提督參總督崧蕃，子才宿將、春煊世臣，終亦不能取勝。然春煊居下則傲上，居上則凌下，不數年，代鍾麟督粵，恩命甫下，即奏彈廣西提督蘇元春，巡撫王之春、藩司湯壽銘同日罷職，全省官皆股慄失色。

李文忠徇私壞法

湖北候補道楊宗濂初為御史鄧承修所劾，改官直隸，太僕少卿延茂、御史屠仁守再劾之，遂革職，永不敘用。總督李鴻章與宗濂有舊，極力為圖開復，時部例方嚴，久之不得當。適園工興，費無所出，醇親王奕譞假巡閱為名赴天津，與鴻章籌商移用海軍費。鴻章曰：「海軍籌款不易，常捐為部例所限，亦所獲無幾。無已，其令諸臣報效乎？」因授意宗濂，令乘機報效二萬金。醇王大喜，回京即取中旨復宗濂官，交北洋委用。此朝廷壞法之始。或云鴻章丁未會試臥病闈中，幾不能完卷，宗濂父延俊與同號舍，為之捉刀，遂舉進士，故厚遇其子，不惜破法援之。

商部兩狀元

世俗豔稱狀元，近科狀元改從商業者二人，黃思永經營於北，張謇經營於南，皆江蘇人也。思永初開工藝局，言官參其以水磨豆腐專小販之利，遂落職。其子中慧通英文，兩詣西洋賽會，得超等文憑歸。工業漸振，其製作以景泰藍銅器為最精，一瓶值五千元。竭數百工人之力，成一玩好以誇示四方，亦淫巧甚矣。謇自翁同龢被黜，畏禍不敢入京，外受劉坤一聘主講文正書院，內實藉官力經營商業。始辦大生紡紗公司，適庚子拳匪肇亂，海舶不至，遂獲大利。繼辦種植公司、漁業公司，後又謀開航業，積資至數十萬。其術巧於思永。後商部開，載振奏給謇三品卿銜，並起用思永，皆充頭等顧問官，世呼為「商部兩狀元」。

賭捐娼捐

張之洞弛廣東闈姓賭禁，巡撫許振禕極詆之，語同僚曰：「疆帥而窩賭，其去開娼也蓋無幾矣。」當時咸以振禕言為過激。近數年來，吳、楚、閩、豫相次設彩票公司，以利誘民而分其潤。北京罷巡城御史，設工巡局，那桐主之。局用不敷，議推廣稅務，遂及戲館、娼寮，騰之奏牘，且移文刑部，令破除良賤之界，酌改舊律從寬。有李氏婦人虐其養女，本鴇母也，刑部斷其恩義早絕，已定讞，議抵監禁在獄，會秋後論囚，行刑且有日。尚書葛寶華從主事吉同鈞言，據那桐破除良賤諮文，奏請減議，貸其一死。太后大怒，特旨勾決，鐫同鈞二級，寶華以下降罰有差。而工巡局收娼捐如故也，且為之區分等級，上者曰「清吟小班」，次者曰「茶室」，張燈大飾其門，以招過客。惜振禕早死，不令親見其事。今日朝廷實有開娼之事，不僅窩賭已也。

用人不分界限

劉清由文臣起家，官至山東鹽運使。臨清盜起，自請以武職提兵殺賊，遂改總兵。張曜為布政使，言官劾其目不識丁，亦改總兵，當時詫為異數。自岑春煊薦道員李準為廣東水師提督，袁世凱薦道員劉永慶為江北提督，徐紹楨、黃忠浩皆以道員擢總兵（徐擢蘇松鎮，黃擢右江鎮），而文武之界破矣。乾嘉時，杭大宗、洪亮吉先後詣闕陳言，請用人不分滿漢，俱遭嚴譴，後遂結舌，引為大戒。

自徐世昌以商部右丞兼副都統，程德全以知州簡黑龍江將軍，趙爾巽以巡撫遷奉天將軍，內召柯逢時為戶部滿侍郎，而滿漢之界破矣。藩、臬以下內用者，近唯見袁昶、聯元；京堂以上外用者，近唯見張之洞、沈秉成，岑春煊，皆採用時望。自商部擠王清穆出為按察使，常鎮道劉若曾隨端方出洋入為太常卿，巡警部濫調外吏，自州縣佐貳以至從九未入流皆列司曹，而內外之界又破矣。

商部捷徑

商部既設，小人皆由是取徑而入，不獨墮壞朝綱也。蓋全國之權寄於奕劻，奕劻之權又寄於載振，載振又轉寄權於商部二三宵小之手。京朝議論紛紛，皆稱商部為「小政府」。其時任丞、參者，左丞徐世昌、唐紹儀、陳璧不一年即升侍郎，先後為本部尚書，右丞楊士琦、唐文治旋升本部侍郎，參議沈雲沛旋升吏部侍郎，其餘候補丞參、司員起家至大官者不可縷數。吾鄉巨富稱蕭、周，其子弟入京求官，為小人所誘，蕭敷訓報效十萬金，辦萬生園，徒得京堂虛銜；周維藩日陪載振鬥馬弔，輸至十餘萬，但派會計司行走而已。傾資經營仕宦，蓋亦有巧拙鈍捷之分，非皆操券而獲也。

文錫

內務府大臣文錫，□□之幸臣也，屢被言官奏參，罷而復起者再。先是，文宗北狩得疾，知不起，察□□悍鷙，異時抱子臨朝，恐不可制，欲效西漢鉤弋故事，未忍發。以遺詔密授孝貞，令謹防之，即有過，宣詔賜死毋游移。同治初，誅鋤八大臣，賴□□剛斷以濟。孝貞仁賢，遇事咸推讓之，後聞甚不謹，甚憂懼。一日，東宮傳旨召西佛（宮人稱孝貞為「東佛」，□□為「西佛」），西佛嘻嘻而往，入門，見孝貞盛服珠襦，宮人佩刀，森然侍列左右，大駭，孝貞指御案遺詔示之，默誦一過，伏地痛哭請死。孝貞仁而寡斷，略責讓數言，下席引與同坐，勉以好語，隨取案上遺旨引火焚之，示毋他意，□□回至宮中，五日夜不寐，李蓮英進密謀。越數日，孝貞暴崩，廷臣入臨者見十指俱紫黑，不敢言。蓮英自是擅權，寵之終身。文錫子崇光，□□以義兒蓄之，今官吏部侍郎兼內務府大臣。

張之洞驕蹇無禮

張之洞以內閣學士出任山西巡撫，後遂連綰疆符。自負才地，多作度外之事，不屑拘守舊規，年愈邁而氣愈驕，身享太平五十年，俯視一切，蓋以為天下莫已若矣。湖北提學使黃紹箕用一人為學堂監督，已札委矣，之洞聞而怒曰：「汝今作學司，當受督、撫節制，不比提督學院，銜命馳節而來，可稱欽差也。」紹箕垂頭喪氣而出，自是悒鬱不伸，未幾得疾卒（學部欲伸學政之權，乃改為提學司，歸督、撫節制，與藩、臬並行，其謬荒若此）。

直隸人聞之洞內用，皆欣欣有喜色，合八府三州京官張宴於湖廣館，徵集名優，衣冠濟濟，極一時之盛。之洞收柬已三日，屆時催者絡繹載道，卒託故不往，鹿傳霖、徐世昌忍饑侍至二更，皆掃興而散。聞其性情怪僻，或終夕不寐，或累月不剃髮，或夜半呼庖人具饌，稍不愜即呼行杖，或白晝坐內廳宣淫，或出門謝客，客肅衣冠出迎，偃臥輿中不起。其生平細行大節，鮮不乖謬者。

榮文忠升沉

榮祿在光緒初年即被寵任，一日獨對養心殿，太后密告之曰：「今日軍機大臣每事輒欲自專，寖寖露驕態，為之奈何？」榮祿曰：「此易處耳，出一二人於邊遠，以警其餘，則無敢作梗矣！」適貴州巡撫缺出，擬用沈桂芬，聞其謀而未稔，私遣翁同龢探之。同龢見榮祿，大罵政府，榮祿不疑其詐，曰：「太后亦頗厭之，吾前獻一策，未卜能行否也。」同龢出告桂芬曰：「信矣。」翼日遂出榮祿為福州將軍，累年不調。後依附恭邸始召還，以侍郎用。

梁鼎芬奇氣

湖北臬司梁鼎芬，丙午倖滿來京，連上四疏，一疏參軍機大臣瞿鴻禨、一疏參郵傳部、一疏保陳澧、一疏請立曲阜學堂，京僚皆側目而視。既入見，又面參兩廣總督周馥，謂馥為李鴻章執虎子，士大夫羞與為伍。又面保黃體芳、寶廷、陳寶琛、張佩綸、鄧承修、盛昱、朱一新、屠仁守、王鵬運等十一人，大半皆已物故。及陛辭入見，又面詰太后曰：「光緒初年，太后所用督、撫，若胡林翼、沈葆楨、閻敬銘、丁寶楨諸臣為何如人？今日所用督撫，若周馥、端方、楊士驤等又何如人？疑非出自上意，得毋盡為奕劻所賣乎？」太后知其戇直，亦優容之，勿以為忤也。

王壬秋詼諧

湘潭舉人王闓運，性通脫，好詼諧。一日酒座，論及故撫陳寶箴事，皆曰：「陳中丞講求吏治，剛直不撓，亦近時賢督、撫，但不應聘梁啟超主講時務學堂，敗壞湖南風氣。」或釋之曰：「此非中丞之過，緣其子三立朋遊太濫，不擇人而交遊，為所誤，亦千慮之一失也。」闓運默不言，撚髭微笑。群以此語質之，因嘆息曰：「江西人好聽兒子說話，中丞亦猶行古之道耳！」座客瞠然不解所謂，闓運徐譬之曰：「公等疑吾言，亦嘗讀史乎？王荊公變法時，遇事多由子雱主持；嚴嵩當國，唯世蕃之言是從。今中丞亦然，固江西慣例也，何怪焉？」聞者莫不傾倒。

闓運晚年被薦，特旨授檢討，已七十餘矣，時科舉早廢，遊學生返國試高等，有牙科進士亦同時授館職，闓運因撰聯自嘲云：「愧無齒錄稱前輩，幸有牙科步後塵。」

大臣延攬不慎

凡文士輕率浮躁，好為大言，建奇策，銳欲以功名自見，用之不慎，皆足以誤國殃民，其失職無卿者尤可懼也。陳寶箴以信用梁啟超而敗，翁同龢以信用張謇、文廷式而敗；張百熙信用李希聖、張鶴齡、沈兆祉，未及敗而身死；錫良信用熊希齡、鄭孝胥等，未及死而國變作。出張之洞門下者，如樊增祥、蔡乃煌、易順鼎之徒，已大招物議。晚歲入軍機，引進楊度，使參預政謀，瞀亂尤甚。若袁世凱、端方之樹黨招朋，彼此各以利合，蓋不足道矣。

當新政盛行，各督、撫奉承新章，奔走急急不暇，其實皆三五少年狡獪之技。大學堂章程出自黃陂人陳毅手，丙午官制則江寧人吳廷燮總其成，憲政編查館所頒憲法，汪榮寶、楊度所擬居多。浙江巡撫增韞延張一麐入幕，廣東總督袁樹勛延沈同芳入幕，一切附和新政章奏皆其所撰。天下之亡，不亡於長槍大劍而亡於三寸毛錐。吁，可怪矣！

卷二

北洋捷徑

光緒末年，小人階之以取富貴者捷徑有二：一曰商部，載振主之，一曰北洋，袁世凱主之，皆內因奕劻而借二楊為交通樞紐。當世凱初蒞北洋，梁敦彥方任津海關道，凌福彭任天津府，朱家寶任天津縣，楊士驤、趙秉鈞均以道員在直隸候補。不二三年，敦彥官至尚書，家寶、士驤均躋節鎮，福彭升藩司，秉鈞內召為警部侍郎。其非北洋官吏而攀附以起者，嚴修以編修在籍辦天津學堂，遂擢學部侍郎；馮汝騤與世凱聯姻，遂擢江西巡撫；吳重熹為世凱府試受知師，遂擢河南巡撫。唐紹儀舊從世凱駐朝鮮，甲午之變，出死力護之以歸，故遇之加厚，既奪盛宣懷路政畀之，郵傳部開，又用為侍郎，一手把持部務，案卷、合同盡為所匿，尚書張百熙雖屬世凱姻婭，不能與之抗也。紹儀既得志，復引用其同鄉梁如浩、梁士詒、陳昭常等皆列要位。士驤又引其弟士琦入商部。徐世昌久參世凱戎幕，鐵良亦嘗從之練兵，既入軍機，始稍稍攜貳。

世凱不由科目出身，遇投帖稱「門生」者，大喜，必力援之。定成晚入其門，遂長大理院。方其勢盛時，端方、陳夔龍、陳璧、袁樹勛無不附之。及己酉罷職，星夜奔天津，士驤匿不見。其子克定擬一疏求士琦代奏，士琦有難色，再請於修，修改削大半，陽袒而陰刺之。凡人以勢交者，勢逼則爭，如徐、鐵是也；以利交者，利盡則散，如楊、嚴是也。觀此，可為小人結黨營私者戒。

劉張優劣

戊戌訓政之後，孝欽堅欲廢立。貽轂聞其謀，邀合滿洲二三大老聯名具疏請速行大事，榮祿諫不聽，而恐其同負惡名於天下也，因獻策曰：「朝廷不能獨立，賴眾力以維持之。疆臣服，斯天下莫敢議矣。臣請以私意先覘四方動靜，然後行事未晚。」孝欽許之，遂以密電分詢各省督臣，言太后將謁太廟，為穆宗立後。

江督劉坤一得電，約張之洞合爭。之洞始諾而中悔，摺已發矣，中途追摺弁回，削其名勿與。坤一曰：「香濤見小事勇，見大事怯，姑留其身以嗣後圖。吾老朽，何憚？」遂一人挺身獨任，電覆榮祿曰：「君臣之義至重，中外之口難防，坤一所以報國者在此，所以報公者亦在此。」道員陶森甲之詞也。榮祿以坤一電入奏，孝欽懼而止，逾年乃建東宮。後聞粵督陶模亦有電諫阻，其詞則佚之矣。

榮相譎諫

正陽門外關帝廟，屋甚卑隘，相傳神像為明熹宗手塑。車駕出城，必入廟拈香，祈籤者甚眾，孝欽亦篤信之。又，地安門內有一瞽者，姓趙，失其名，世呼為「趙瞎子」，善梅花易數，孝欽嘗遣宮人就之問吉凶，凡八旗巨宅無不尊信其術。榮祿既得坤一覆電，不敢遽奏，遲回者累日。因察知孝欽素信陰陽小數，潛遣人詣關廟祈一籤，詣趙瞎子占一卦，懷之入朝。孝欽詢曰：「外省覆電何如？」榮祿曰：「外電久不至，奴才亦時念之。昨詣關廟求籤不吉，詣趙瞎子問卜又不吉，頗以為憂。」孝欽曰：「其詞何如？」榮祿探懷獻之，大意皆云不可妄動，動則有悔，孝欽默然。既越二日，始以坤一覆電進，廢立之意遂解。

朱寶奎叛盛歸袁

常州朱寶奎遊學西洋歸，夤緣入盛宣懷門，宣懷以鄉誼，處以鐵路局小差。人頗機警，漸被親任，不數年，由同知捐升道員，遂充上海電報局總辦，凡各局弊竇無不知之。窺宣懷有婢絕美，求為簉室，宣懷不許，由是離交。私發路局積弊，並鈔錄累年洋商交涉案，叛歸袁世凱。世凱久涎鐵路、招商、電報三局之利而不詳其底蘊，至是得所藉手，遂參宣懷，盡撤其差，以鐵路局交唐紹儀、招商局交楊士琦、電報局交吳重熹而保寶奎為郵傳部傳郎，後為岑春煊劾罷。

會議

前朝用人有廷推，行政有封駁，國初罷廷推以一主權，解散朋黨，意私而言公，猶可說也。罷六科封駁，以一人獨運於上，號令扞格不行，往往朝出暮更，不能取信於下，君制雖尊，王靈反褻矣。曩時軍國大政猶交六部九卿會議，邇來變亂成憲，多由一二人主謀，廢刑訊而刑部不知，廢科舉而學臣不知，禮部亦不知。割江北三府一州建行省，詔下數日，江督周馥得電音，茫然無所措手足。上有深閉固拒之心，下有疾雷不及掩耳之勢，利刃在手，眯目而試之，其斫喪必多，況非出自宸斷，又有倒持之患乎？

癸卯秋，戴鴻慈疏言國事當採公論，折衷至當，徐議頒行。於是江淮設省之諭，內外皆以為不便，樞府亦內悔，重於改命，乃設會議處下廷臣會議。已而禮部請修貢院，戶部請設丞、參，皆令議之。然築室道謀，上下漫不經意，各衙門說帖積高至數尺，簧鼓雷同之說雜然並陳，當局稍稍厭之，遂再罷不行。

陳夔龍畏內

內地六總督缺愈要者才愈下，品愈污。直隸兼北洋大臣用楊士驤，兩江兼南洋大臣用端方，皆僉人也。湖廣踞長江上游，亦綰轂南北要地，張之洞內召，用趙爾巽。爾巽赴任不數月，用陳夔龍。夔龍初為兵部主事，尚書許庚身愛其儇慧，以兄子妻之。庚身死，廖壽恆入軍機，與夔龍為僚壻，薦之榮祿。時榮祿以樞臣典兵，節制南、北洋，即邸第開幕府，賓客甚盛。夔龍遨遊其間，大被寵任，遂由郎中超擢內閣侍讀學士，庚子亂後升順天府尹，外轉河南藩司，未蒞任擢巡撫，去其為司員時前後甫二年，皆榮祿之力也。

夔龍既由妻黨顯貴，曲意媚內，事無小大，必承意以行。初至河南，喪一女，請假一月治喪，大開轅門，全城文武官悉素服入弔。其夫人籍隸錢塘，每思戀江南風景，輒不樂，又新喪愛女，以南人不服北方水土，乃謀調江蘇。蒞任未久，升川督，夫人又不欲往。夔龍計無所出，乃私於奕劻，令爾巽以兩湖讓之而令錫良以四川讓爾巽。以一女子之愛憎牽動數省督、撫，當時用人之得失，蓋可睹矣！

瞿鴻禨因衽席之言失位

鹿傳霖、榮慶、徐世昌、鐵良既出軍機，瞿鴻禨益與奕劻不合。岑春煊之入見也，或謂鴻禨實召之來，載振疏請解職，意謂必得慰留，旨下率如所請，亦鴻禨慫恿太后為之。鴻禨人雖陰巧，然明習故事，無甚劣跡可指，孝欽亦頗信之。一日召鴻禨獨對，言及奕劻貪黷事，欲有所處分，意遲疑未決也。鴻禨退朝與夫人燕語及之，汪康年之妻與瞿夫人往來甚密，聞之以告康年，康年告曾廣銓。廣銓方為泰晤士報館訪事，遂以慶王失寵、將出軍機等情電達香港，登入西報。英公使閱報大驚，恐王罷而兩國交涉中變，適孝欽宴外客於宮中，英使夫人乘間言：「慶邸若退，敝邦交涉事多其經手，請仍舊貫，毋失兩國和好。」孝欽曰：「是安從得此言？」英使夫人以《泰晤士報》示之，太后愕然，私念與鴻禨曾有是言，何遽騰播西報？心甚疑之。

翼日，慶邸遣兩格格入宮作葉子戲，孝欽恐奕劻不自安，寄語慰之。格格歸，奕劻盡得其實，恨鴻禨甚，召楊士琦密謀。士琦擬一摺，言鴻禨授意言官，勾通報館。察廷臣中唯翰林侍讀學士惲毓鼎熱中而不甚得志，密召而告之曰：「頃承慶邸意，擬一參摺，公如願上，某省藩司可得也。」毓鼎許諾，即奔赴頤和園上之，實不知其所參何人也。疏上，留中一日，未發。翼日，奕劻入朝，袖其摺歸，徑從私宅擬旨，鴻禨遂罷。

樊增祥罷官

樊增祥初為陝西知縣，謟事鹿傳霖，後又入榮祿幕，辛丑西安諭旨多其所擬，自是日益騰達，不一二年由縣官躐升藩司。甲辰入京陛見，求順天府尹不得，怏怏入關，氣淩巡撫曹鴻勛，出其上。陝西督糧道缺，美腴甲天下，每歲陋規多至二十萬，升允為藩司時詳請裁汰，歸其利於公，事未行而遷甘督。增祥繼任，盡反前政而私與督糧道通，或以告升允，升允以公文詰責。

數十年來，總督不問隔省事，升允強幹有氣力，嘗糾彈奕劻，不為權貴所懾。增祥得檄不敢校，遜詞謝之，有「慶邸能容公，公豈不能容增祥」語。升允不聽，遣蘭州知府入陝提案，增祥曰：「知府無朝命，安能隔省按事？執繫長安縣。」升允大怒，即電劾增祥，而增祥先已密奏總督奴視藩司，要挾無禮等款。朝議擬兩解之，適趙炳麟參摺上，言增祥倚任私人，稱樊門三狎客，廣購第宅，贓款累累。詔四川總督錫良查辦得實，遂落職。

榮祿權略

榮祿既發康黨邪謀，其餘黨分散四方，廣播謠言，謂太后將不利德宗。或以告榮祿，榮祿曰：「是何患？吾月以二百金啖之，彼蠢蠢者盡入吾笱矣。」袁世凱統武衛軍，歸榮祿節制，雖倔強不敢自恣，嘗遣人密至京師覘榮祿動靜，得其一言以為喜戚，如安祿山防李林甫然。

庚子匪亂熾時，輔國公載瀾上疏言兵事，附片請殺王文韶，指為漢奸。軍機入見，孝欽以疏示之，廖壽恆等均失色。榮祿班在前，力為剖白，願以百口保文韶無他，事乃解。文韶耳重聽，跪伏移時，不知論何事也。班退，坐直廬，見載瀾疏，意不懌，詢壽恆曰：「瀾公尚有一附片安在？」榮祿匿之，佯答曰：「吾儕皆未之見，想留中矣。」終不言其營救事。晚年雖倚任袁世凱，嘗言袁世凱不可近君側。臨沒欲見孝欽一陳而不能待，長吁數四，遂瞑。

孫文正惡楊杏城

孫家鼐歷事四朝，拘謹無過失，屢次變法皆身在事中，外雖委蛇而心實不懌。觀其戊戌謀出康有為辦上海《官報》，丙午總核官制草案，力言禮部、翰林院不可裁，亦未嘗無一二補救。奕劻既傾去瞿鴻禨，請以楊士琦代，孝欽欲用家鼐。及家鼐入見，叩頭力辭，言老病不勝重任。孝欽曰：「然則楊士琦何如？」家鼐力言：「士琦小有才，性實巧詐，與臣同鄉，臣知之最稔，蓋古所謂『饑則依人，飽則遠颺』者也。」孝欽頷之，遂不用士琦，仍召鹿傳霖入直，奕劻由是氣沮。

書籍聚散

京師琉璃廠書賈凡三十餘家，唯翰文齋韓氏席先世舊業，善結納，資本尚充，收藏較他商為富。其能辨古書貴賤者，推正文齋譚篤生、會文齋何厚甫。厚甫之甥韓左泉亦頗識書，唯貪欲過重，嘗往來達官大宅，學部侍郎寶豐、練兵大臣鳳山等多受其欺。

余初至京，潘祖蔭、盛昱，王懿榮皆好蓄書，其時錢塘許氏、壽陽祁氏之書已有鬻於市者。後數年，祖蔭之書歸翰文，懿榮之書歸正文，物固未有聚而不散者。許庚身初官翰林，私取翰林院舊槧精本，別購坊間新書易之。庚子之亂，院署毀於兵，片楮無存，唯許氏易出本尚流落人間。

內府圖籍多貯武英殿，宦豎稍稍竊去。戊巳之間，內廷竊出殿本《朱子全書》凡數百部，每部只售四金。久之，恐事覺獲罪，潛引火焚之，數十萬卷頃刻而燼。當時但將管理員議處，初不知為內豎奸謀也。江南藏書家推歸安陸氏，陸心源死，其子樹藩不能守，日人島田彥楨以番銀十萬元鬻之東渡，海內文人莫不扼腕相向而嘆。

《湘潭志》前後印本不符

沈歸愚《國朝詩別裁》初以錢謙益居首，王鋒次之，吳梅村、龔鼎鼐又次之。經高宗申斥，始改從今本，此人所共知也。王闓運撰《湘潭志》，頗詔邑人怨惡。侍郎陳樹棠，勤恪公鵬年子也，居鄉甚豪橫，逼死縣官，被巡撫彈奏。舊志不言，蓋諱之也。闓運以直筆自命，摭實補入甚詳。黎培敬降四川臬司，時闓運掌尊經書院，親見其行事多不滿意，傳中頗有微詞，兩家子弟俱銜之。

又，國初有商人周環，以資雄於一鄉，相傳環起家時，毒死胡椒客，盡沒其資，闓運作《食貨志》偶及之。周氏雖微，其子姓猶眾，遂與陳、黎合謀而控於官，涉訟經年。質之闓運，終莫能據書以對，後卒刪去，獄乃解，故初印本與今本不符。言官可以風聞言事，史官不能以風聞著書，王氏昧此義例，幾遭不測，秉筆者其慎之。

君相不能與布衣下僚爭名

高宗御製詩文凡三集，分訂六函，南書房翰林寫刻，字大如策卷。初印開化紙，墨色光黝，極精工，雖宋元版不及。余遊廠肆，以番銀六元得之，甚喜。後詢書業中人，皆云常價不過二三金，無寶重者。計東吳江布衣有《改亭集》四卷，余求之累年不獲，後見一部，索十六金，議價未諧，即為強有力奪去。

以天子之尊，不能與布衣爭名，古人所以重天爵也。奉宸苑八品苑副吉□見時政日非，擬一疏，詞甚激烈，欲求堂官代陳，不許，憤甚。是夕懷稿入署，飲藥死，都察院上之，並為請恤。遠近爭相嘆服，一時名動京師，無不知有吉苑副者。滿洲大學士若額勒和布、福錕、崑岡諸人，死未十年，問之久宦京師者，多不能詳其履歷。官豈能重人？人亦貴自重耳！

叉麻雀

麻雀之風起自寧波沿海一帶，後漸染於各省，近數年來京師遍地皆是。薪俸既豐，司員衙散輒相聚開賭，以此為日行常課，肅親王善耆、貝子載振皆以叉麻雀自豪。孝欽晚年，宮中無事，亦頗好此戲。奕劻遣兩女入侍，日挾金數千與博，輒佯負，往往空手而歸，內監、宮婢各有賞犒，每月非數萬金不足供揮霍。

又自西巡以後，貢獻之風日盛，奕劻所獻尤多。孝欽亦頗諒之，嘗語人曰：「奕劻死要錢，實負我。我不難去奕劻，但奕劻既去，宗室中又誰可用者？」蓋奕劻貪婪之名，上下皆直言不諱，言路以是參之，宜孝欽付之一笑也。然孝欽既知其弊，不急罷貢獻，猶縱兩格格入宮以博弈戲弄為事，則未免累於嗜好矣。

袁世凱謀傾岑雲階

袁世凱、岑春煊俱有寵於太后。世凱之寵，由戊戌告變；春煊之寵，由庚子護駕，皆從患難中奮翅而起，雖有外言莫能間也。世凱惡春煊權勢與己相埒，與奕劻比而讒之。及朱寶奎黜，仇恨益深，密奏春煊曾入保國會，為康梁死黨，不可信。太后曾惡康黨，以春煊新被寵，不應有是，待之如初。粵人蔡乃煌失志居天津，偵得其情，思媚袁以求進，因入照相館，覓得春煊及康有為影相各一，點景合成一片，若兩人聚首密有所商者，獻於世凱。世凱大喜，交奕劻密呈太后，證為交通亂黨，春煊之寵遂衰。未幾，遷粵督，未及履任，中途罷歸。乃煌以此擢上海道。

三先生崇祀

文廟崇祀之典，自特旨駁斥李容後，禮臣持議甚嚴。顧、黃、王三先生屢請屢駁，最後御史趙啟霖疏上，張之洞適入軍機，遂同時邀准。死後馨香之報，猶必藉樞要貴人之援，以此知當時朝局，凡乘時竊取祿位者，皆非無因而至也。

王氏學初不甚顯，曾國藩刊其遺書三十餘種，湘人始知尊重。然國藩序文有「純疵互見」之語，亦未甚傾心推服也。從祀之議倡自郭嵩燾，是時今上即位甫二年，政府雖專，部臣頗能自立，嵩燾歸自海外，稱服西洋，禮部侍郎徐桐惡之，疑其一鄉阿好，遂引國藩序文，本表章夫之之人以駁夫之，嵩燾無以難也。光緒二十年，湖北學政孔祥霖上其書於朝，復申前請。禮臣再引《四庫總目》議駁，且言遺書有《老子衍》、《莊子通》、《三藏法師八識規知》等目，儒佛老莊混為一途，又有《瀟湘怨》、《黑鼓詞》、《龍舟會戲》各體，事涉遊戲，不得謂為無疵。《總目》為高宗欽定，藉聖謨以箝群議，廷臣更無敢置喙者。

顧、黃崇祀之議則自陳寶琛發之，是時朝臣分南北兩黨，北黨主駁，以李鴻藻為首，孫毓汶、張之萬、張佩綸等附之；南黨主准，以潘祖蔭、翁同龢為首，孫家鼐、孫治經、汪鳴鑾、李文田，朱一新等附之。主駁者謂二儒生平著述僅託空言，不足當闡明聖學傳授道統之目，推禮部主稿、漢大學士李鴻章領銜，合詞以駁。議上，祖蔭等聯名疏爭，詔下廷臣再議。北黨復推滿大學士領銜，請仍照禮臣前議，其事遂寢。此三先生崇祀先後被駁之始末也。

當夫之初次被駁時，嵩燾恐阻遏後路，不復能再請，別具一疏，請附禮部駁案並存，待異時公論。又於船山祠私製楹聯，末云請從祀於廟，是有待於後賢。啟霖，湘潭人，夙宗仰船山，欲續成郭氏未竟之志而難於措辭，乃並援顧、黃二先生以請。詔下部議，部臣以議駁在先，不敢主稿，乃用戴鴻慈奏定新章，交廷臣會議。自科場廢八股改試策論，又廢科舉改學堂。《日知錄》、《明夷待訪錄》、《讀通鑒論》三書盛行於世，主准者十居八九。唯禮部郎中吳國鏞不好新說，以黃氏書駁雜，摘其可議者數條，上說帖於堂官。尚書溥良以為是，侍郎郭曾炘以為非。然部務當由尚書主政，遂擬稿准顧、王駁黃，通行六部九卿大臣詣內閣會銜，郵傳部尚書陳璧先畫諾，吏部尚書陸潤庠、都察院左副都御史陳名侃繼之。晝未竟而之洞遣使持說帖至，大意言黃學與孟子相合，議駁非是，舉座愕然，各逡巡遁去。次日，郵傳部諮行禮部取消陳璧花押，潤庠、名侃亦各行文取消，其畏懼政府如此。

之洞私語同僚，謂梨洲若駁，當並顧、王黜之。蓋以啟霖、國鏞皆湖南人，疑其有私於王氏也。禮臣不敢堅持初議，遂准炎武而臚陳王、黃事實，請宸斷。嚴修、寶熙、吳郁生、定成、劉若曾、徐定超各具封奏如之洞指，遂於光緒三十四年九月初三日奉上諭：「禮部會奏一摺，王夫之、黃宗羲、顧炎武均著准其從祀文廟。欽此。」以如此巨典，只以二語了之，天下讀詔書者不明其所以從祀之故，頗疑三先生之配食，頗似近世人才保薦得官也。

服妖

風俗敝，人心變易無常，巧猾嗜利之徒，其始出於官商，其後執藝者竊其餘智，詐取人財，孟子所謂「朝不信道，工不信度」，蓋不獨侈靡為可憂也。婦人最好妝飾，其服色簪珥無一年不變，舊者輒廢棄不用，糜費不知凡幾。戊戌以前，男子禮服冠簷高而仰，各行省效之，尊為京式，後漸俯又斜而外向，今前寬而後窄，如一小艇矣。高靴愈變愈低，補褂漸縮漸小，袍褂緊小，結束如武裝，稍一欠伸輒破裂。

余蓄一騷鼠冬帽，以其尚完好也，不忍棄，每戴以入署，同僚輒嘩笑曰：「鹿中堂來矣。」鹿中堂者，吏部尚書鹿傳霖也。合署四百餘員，唯傳霖及余尚戴高仰舊冠，故同僚詎之如此。一物之成，韌者至十餘年不敝，未敝而先棄之，以徇工商牟利之詭計，殆班書《五行志》所謂服妖者歟。或曰是蓋奸商賄通內監，先由宮禁服之，末乃及於四方。事或可信。繩以先王「器用不中度，不粥於市」之禮，必誅戮一二以儆其餘，妖乃可息。

閭閣奇節

京師正陽門東，有陳寡婦，老而饑，無子。一女曰鉤兒，繡工絕巧，誓死不嫁，藉十指覓食養母，年四十餘猶處子也。其為人縫紉，隨多少受之，不較。余嫁女，欲延至家作繡事數日，謝曰：「妾自庚子後，歷七八年，足跡未出門限。今逐利寄食於人，人其以我為不耐苦也。」余聞而敬之。寡婦死，鉤兒亦積勞大病，鄰居議為斂錢營葬，遣人視之，則衣衾楇襚之物皆具，蓋平時十指所自辦，貯而藏之久矣。有宦族聞其賢，欲聘為繼室，鉤兒曰：「母死，無人主婚，吾其敢自媒耶？」卒不嫁。後莫知所終。

同慶班優人劉鴻升，京師名角也，唱鬚生，價重一時，獲金甚巨，衣食外無侈費，瘞而藏之。己酉，甘肅大饑，人相食。委員四出募賑，鴻升悉發所藏，遇勸捐者輒書之，或百金或數十金，盡隱其名，人無知者。戊申，兩宮升遐，雖禁止演劇。百日後，託清唱為名，仍私行開演。唯鴻升不出，同慶班主百計求之，許饋千金，終不應，必俟服除乃出。天地之正氣，日流行於兩間，斷無止息之時。有時不鍾於衣冠士族，一二鄉里愚賤分其餘閏，孤行一意之所安，反足以維持世教。余紀此二事，以愧當時士大夫，且自警云。

孝欽臨危定策

孝欽病危，張之洞請定大計，孝欽頷之。翼日，出奕劻勘易州陵工，密召世續及之洞入內，諭以立今上為穆宗嗣。今上，醇親王載灃子也，生四年矣，視德宗嗣位時齡尤弱。國難方殷，連三世臨以幼主，世續、之洞恐皇后再出垂簾，因合詞奏曰：「國有長君，社稷之福，不如徑立載灃。」孝欽戚然曰：「卿言誠是，然不為穆宗立後，終無以對死者。今立溥儀，仍令載灃主持國政，是公義、私情兩無所憾也。」之洞曰：「然則宜正其名。」孝欽曰：「古有之乎？」之洞曰：「前明有監國之號，國初有攝政王之名，皆可援以為例。」孝欽曰：「善，可兩用之。」之洞又曰：「皇帝臨御三十餘載，不可使無後，古有兼祧之制，似可仿行。」是時德宗固無恙也，太后默不言，良久目之洞曰：「凡事不必泥古，此事姑從汝請，可即擬旨以進。」策既定，電召奕劻回京，告以謀，奕劻叩頭稱善，遂於十一月某日頒詔明告天下。袁世凱不預定策之功，自知失勢，偽稱足疾，兩人扶掖入朝。

瑜貴妃爭嗣

瑜貴妃者，穆宗之妃也。自幼入宮，侍孝欽四十餘年，警敏知書史，凡宮闈文墨，孝欽悉以委之。今上初入宮，孝欽抱以授隆裕曰：「以此兒付汝，以養以教，唯汝之責。」時瑜妃在旁，哭訴曰：「嗣皇既入繼穆宗，先朝經事穆宗者，今唯妾在，豈宜以閑人置之？論光緒初年明詔，即今皇帝有子，尚當先讓穆宗，太后豈忘之乎？」孝欽默然良久，曰：「汝言亦大有理，即以嗣皇付汝兩人，互相保護，不必執意見也。」瑜妃即長跪叩頭謝恩，遍呼宮人而告之曰：「頃太后所言，汝等皆聞之乎？」則皆對曰：「聞之矣。」已而今上登極，封皇后為皇太后，不及妃。妃大恚，召奕劻至宮，指其名而罵之曰：「奕劻，今日召汝非他，余死守至今，未即從殺皇帝於地下者，正為今日。太后臨崩，以嗣君付我及皇后兩人，宮中莫不聞之，今若此，將置我於何地？」奕劻謀於監國，乃封為皇貴妃以慰之，妃終怏怏。後孝欽安奉山陵，宮人皆送葬，事畢，妃與珣妃守陵，堅不還宮，攝政王遣使勸慰百端乃歸。

戊申大喪失禮

孝欽後德宗一日崩，孝欽梓宮安奉皇極殿，德宗安奉乾清宮，群臣哭臨三日，皆無戚容。唯孫家鼐以東宮舊恩，伏地痛哭不起。余觀當時喪儀，蓋有三失，不獨無戚容也。古者羔裘元冠不以弔，《大清通禮》云：「遇大喪，凡應成服之人，禮部奏准後，各給白衣成服，由戶部給發。」今王公百官皆反穿羊皮而內襲元緞，不知倡自何人，上下相習，不以為怪。此一失也。群臣哭臨皇帝喪，三品以上在乾清門外，四品以下則應在景運門外，今無論官職大小均混入乾清，人聲嘈嘈，僕從皆雜其中，御史不糾禮，禮部不相儀。此二失也。定例，大喪二十七日內不奏事，蓋指各部例行常事而言。孝欽二十一日崩，二十八日詔定監國典禮，初二日劉廷琛上疏言典禮事，乃以違例傳旨申飭，此三失也。當德宗晏駕時，遺詔未下，民間已周知，是日遍城人無不薙髮，嫁娶者紛紛，竟夕鼓樂聲不絕。官司未聞禁止，殆所謂掩耳盜鈴與！

溥偉爭位

德宗諸侄，最親者以傅偉為長，恭忠親王之孫也，庚子廢溥儁，即有繼統之望。其姑封固倫公主，孝欽撫為己女，早寡，居宮中為之內援，又結載振以為外援，曰：「事成，富貴與共。」孝欽之定策也，載灃叩頭力辭，太后叱之曰：「此何時而講謙讓？真奴才也！」徐訓之曰：「汝恐一人之力不能勝任，溥偉最親，可引以為助。」溥偉聞之大喜，私冀當得政權。及遺詔下，只言國事皆聽攝政王主持，不及己，大失望，趨入樞廷大罵張之洞曰：「大行皇太后臨崩命我助攝政王，此顧命也，今詔中略不一及，是安可用？當別撰之。」之洞曰：「凡在廷臣子皆當為攝政王之助，豈得以此入詔？且太后彌留之際之洞在側，實不聞此言。」溥偉頓足大哭，遍罵諸軍機。之洞謹避之，不與校。越數日，溥偉忽傳旨詣內務府，有所指揮，自言太后令己總理內外喪事。內務府大臣奎俊疑之，密啟監國。監國聞有口傳懿旨，大懼，急邀奕劻入見隆裕，言溥偉悖狀。遂降旨言自皇帝以下皆當服從攝政王命令，溥偉始不敢逞。後載灃攝政不一年，兩福晉、兩弟及溥倫、善耆之徒同起，濁亂朝政，國人悔失溥偉。然溥偉當爭位時，親向載振屈膝，又因私昵與福晉不合，憤極持刀自刎幾死，亦屬傾覆之才。國統再絕而家無令子，識者早知其必有亂矣！

宮闈疑案

孝貞顯皇后、孝哲毅皇后、德宗景皇帝、醇親王奕譞、珍妃五人之死，外廷皆有異言。孝哲以立後故忤孝欽，孝欽怒批其頰，憤甚，數日不食死。珍妃因庚子避亂，孝欽命數宮人以布囊盛之投入井中而死，此人所共知，無可疑也。孝貞暴崩，群臣臨視，十指甲俱紫，疑有變，然無敢言者。奕譞之死也，皆云遘惡疾。先是，孝欽從勾欄中物色一娼婦入宮，旋以賜奕譞，穢而善淫，奕譞嬖之，遂得疾不起。奕譞素善趨承，何以見忌於孝欽？以末年砍伐陵樹事度之，事或有因，不盡誣也。

德宗先孝欽一日崩，天下事未有如是之巧。外間紛傳李蓮英與孝欽有密謀，余遍詢內廷人員，皆畏罪不敢言。然孝欽病痢逾年，秘不肯宣，德宗稍不適則張皇求醫，詔告天下，唯恐人之不知。陸潤庠嘗入內請脈，出語人曰：「皇上本無病，即有病亦肝鬱耳，意稍順當自癒，藥何力焉。」迨奕譞薦商部郎中力鈞入宮，進利劑，遂泄瀉不止。次日，鈞再入視，上怒目視之，不敢言。鈞懼，遂託疾不往，謂恐他日加以大逆之名，賣己以謝天下也。當孝欽臨危定策時，德宗尚在，而大臣不以為非。既立今上，稱雙祧，次日又詔各省疆臣保薦名醫，其矛盾可笑如此。

孝欽駕馭慶邸

奕劻屢被彈劾，太后以庚子告變功，未遽譴斥，然確知其黷貨，必甚疑之。奕劻既傾去瞿鴻禨、林紹年，自顧年老怨多，內不自安，亦謀引退，而援其子載振入軍機，副以楊士琦，遣兩格格達意宮中。太后雖陽許之，心實猶豫。因召見大學士孫家鼐、吏部尚書鹿傳霖，告以故。家鼐力言士琦不可任，太后頷之。翼日，奕劻入見，陽以好語慰留，謂：「時事日艱，老成不可輕去，今當使載灃隨汝學習一二年，再從汝志未晚。」奕劻聞載灃用，則載振將為所壓，遂不敢再萌退志而引袁世凱相助，太后曰：「袁世凱與張之洞皆今日疆臣中之矯矯負時望者，可並令入直。」奕劻雖不悅之洞，而無辭以拒之。蓋太后之意，始欲藉載灃以防載振，繼又欲藉之洞以抵制世凱，其慮不可謂不周。及世凱入，交歡奕劻而與載振結盟為兄弟，陽以禮貌尊事之洞，推為老輩，凡朝廷不甚經意視為迂闊可緩之事，如崇祀三先生、改行金幣等案悉讓之洞主政，而各省疆吏、各部要臣盡安置私人，內外聯為一氣。太后年老多病，方以後事為憂，日漸廢弛，外情亦不能盡達也。

要臣兔窟

載振既罷，溥頲繼為商部尚書，謹守舊令尹之政，事皆請命而行，不敢私用一人，亦不敢自定一稿，諸丞、參仍奔走貝子私第如故，視溥頲蔑如也。袁世凱內召，虧公帑甚多，保楊士驤為直隸總督，一切授意行之，每歲北洋供其經費不下百萬，張之洞於湖北亦然。趙爾巽初蒞任，易一財政局總辦，之洞以未先關白，大怒，即遷四川而改用陳夔龍。故當時言溥頲為載振管家，津、鄂為袁、張外府，所謂狡兔之窟也。然袁、張皆在政府，故能以勢力把持。錫良去滇而李經羲盡反其政，趙爾巽去奉天而徐世昌盡易其人，是又不可一轍論矣。

三楊

楊士驤之兄曰士燮，使酒好罵，以御史出為嘉興知府，後升浙江巡警道。弟曰士琦。工箋札，詭譎多智，由載振引謁奕劻，遂充慶府謀主。三楊唯士驤才最庸，官位最高，檮蒱、六博、彈唱、狎遊、賭酒無所不好，不擇地而入，亦不擇人而交。袁世凱既內用，虧公帑過多，密保士驤繼北洋任，與之約，有過相護，有急難相援。士驤奉命唯謹，雖例行小事必請命而行。及世凱解職，微服至天津，招士驤密語，士驤匿不敢見。外議洶洶，皆云監國痛惡袁黨，楊氏兄弟且敗，士驤大懼，益縱酒近女色，百事盡弛。初聘一姬，姿容絕美，婦悍不敢近，私作無題詩四首，有「到死不知羅綺香」句，人皆以為不祥。一夕宴客於庭，酒半，命客操弦，引吭高聲大唱。曲未終，氣絕仆地，痰梗不能言，遂卒。如皋冒廣生有〈東閣〉詩一首，即紀其事，詩云：「東閣宵深罷送迎，重燒官燭擘銀箏。田荒下潠歸無計，鐵聚神州鑄已成。尚有綺羅憐少婦，自將遊俠了生平。堂堂開府千秋事，唱到回簧是尾聲。」

鹿傳霖暗中主復科舉

□□某月日，民政部參議劉彭年、翰林侍讀學士惲毓鼎、給事中李灼華同時具疏請復科舉，皆留中不發。三人本巧宦，忽進此背時偭俗之言，人皆訝之，後乃知為鹿傳霖所授意也。傳霖與張之洞為姻黨，之洞督鄂時，嘗偵察內情以告，遇事輒袒護之。及兩人同值樞庭，情意反不相洽，於科舉一事齟齬尤甚。同時唯王文韶與傳霖意合，文韶既去，傳霖之勢益孤，礙於之洞，不敢發言而嗾彭年、灼華、毓鼎言之。惜三人皆非善類，灼華尤不理於人口，疏上未久即以京察見黜。不知者或疑前疏招政黨忌，陰為所陷，後遂無敢進言者。

孝欽裁抑幸臣

庸主之情，凡溺愛之人即取而置諸懷中，一切勉徇其請，雖高爵厚祿不惜，如前史《佞幸傳》所載率皆如是。唯孝欽不然。太常卿裕庚使西洋歸，娶美利堅婦，生二女，有殊色，善畫，兼通英文，夤緣入宮，侍孝欽作葉子戲，孝欽甚愛之。二女屢有所求，終不遷裕庚一級。內務府郎中慶寬給事內廷有年，被劾失官後，猶時時被召入內，借探外情。慶寬欲謀起復，卒無間而入，久之，以緝獲沈藎功始賞給道員，選江西鹽法道，缺甚瘠苦，怏怏而去。戊戌告變，楊崇伊居首功，及訓政疏上，孝欽再出垂簾，自以富貴指顧可取，後卒寂然。唯母族待之甚厚，盡援其姊妹、兄弟之女，然桂祥作官終身不過都統，亦未嘗無分曉也。

張文襄暗於知人

張之洞晚年篤念故舊，頗以煦煦為仁，凡附之以求官者，必百計經營，饜所欲而去。安徽蕪湖道缺出，屢為易順鼎言之，監國曰：「聞易某湖南詩人，能作詩固佳。蕪湖缺繁，恐妨事。」卒不予，久之始放臨安開廣道。自是每有大事，之洞雖極力諫爭亦不見納，蓋疑其不盡出於公也。當時袁世凱勢力極大，出其門者，不二三年輒至專闡。

之洞自領封圻，以至入參樞政，推轂人卒不過道府丞參而止，故小人有才者不甚附之。又性驕好諛，士踵門求見者，或七八往不一延接，或引至花廳歷數時不出，或出見略詢數語即欠伸呼茶欲退。幕僚侍立白事，小有失誤，責之聲達於戶外。以故君子亦望風遠避，平時所賞拔者只一二浮華淺露之士而已。陳寶琛本之洞故交，監國從其言強起之，咸以為必大用。及至，只還原官，無後命。之洞雖引以為疚。亦不敢為寶琛進一言也。

后妃以言語得禍

毅皇后之立，慈安主之，非孝欽意也。慈安既薨，孝欽益憐愛慧妃（孝欽意在立慧妃為后，事見《薛福成筆記》），諭帝宜加禮遇，無事不得輒至中宮。穆宗重違兩母后意，恆獨宿宮中，鬱鬱不樂，奸人遂誘之遊幸民間，后嘗書「戒嬉」二字榜於座隅，以規穆宗，海內皆知其賢。穆宗垂危，后入宮問疾，孝欽惡其不先白己，詰責甚厲，后憤然曰：「妾乘鳳輦從大清門入，天下皆知，今入宮問皇帝疾，有何罪名而勞太后詰問？」孝欽疑后有意譏己，遂大詬曰：「婢子！汝以我為未嘗入大清門乎？汝由我而入，安知不由我而出？」穆宗崩，遂不為立嗣，逼之自裁。

珍妃亦頗倔強。東邊道奭良進賄，事覺，李蓮英又於宮中搜得文廷式書，內多指斥之辭，孝欽親詣慈寧宮訊之曰：「他事猶可宥，汝寧不知祖宗家法而黷貨若此！誰實教之！」妃曰：「祖宗家法亦自有壞之在先者，妾何敢爾？此太后之教也。」孝欽大怒，袒而杖之，降貴人，謫其兄志銳於邊，憤猶未洩，後卒致之死。唯景皇后、瑾妃以庸謹畏禍獲免。

卷四

差使變為實官

國初盛時，官少事稀，三品以上許專摺言事，尊為大員，極清貴自重。及其衰也，變亂六官，每部增設丞、參。廳丞三品，視副都御史；參議四品，視翰林侍讀學士。然皆由堂官保薦，不設廳印，不聯銜奏事，司曹擬稿徑詣尚、侍取諾而行，丞、參不盡知也。其後奔競之風日盛，每部二丞、二參不足應人之求，則差盡變為實缺，學部首亂舊制，改學政為提學使司，歸督撫統轄，已而度支部改大清銀行總辦、造幣廠監督為三品實官，外務部改各國出使大臣為二品實官，學部又改大學堂監督為三品實官。或分踞一局所，或孤懸海外，無僚屬、無衙署、無升遷開列進單次序，自古官制未有若是之離奇可怪者。

論朝廷設官初意，在外各省督、撫以兵部侍郎兼副憲，攝用關防，稱為行部，尚屬使臣；在內如軍機大臣、內務府大臣、翰林院掌院學士尚屬兼差，近內務府已成專缺。鹿傳霖再入軍機，不兼尚書，降旨稱為補授軍機大臣，頗有改設專缺之意。然同時值樞庭者，袁世凱以外務部尚書入，世續、張之洞以大學士入，各有本官，獨傳霖一人似缺非缺、似差非差，人多不解。

督撫趨時

新定法律草案出自日本律師岡田之手，其引證歷朝沿革則取之薛允升稿本，法部郎中董康筆也。稿既定，頒示各省，皆知其謬妄，決不可行，次第指駁覆奏，不謀而同。唯山東巡撫袁樹勛變一說曰：「是皆枝葉之論也，別有所謂根本之說者，其旨安在？曰不改從新律，不能收回治外法權。」內外相煽以浮言，遂恃為改律鐵證。新政興，各省皆以籌款為慮。浙江巡撫增韞議覆趙炳麟摺，獨曰：「吾國非無財也，農林礦產遍地皆是，工藝製造盡人可學。印花本正當之稅，至今尚未推行。外國之財產稅、所得稅、營業稅皆入款大宗，而吾國不能仿辦。」一摺凡千餘言，其詞甚辯，皆所謂趨時之論也。聞樹勛延沈同芳入幕，增韞延張一麐入幕，奏稿盡出其手。兩人皆江蘇名士，薄有才華，而議論乃狂悖如是。甚矣！辯言亂政之可畏也。

隆裕始儉終奢

隆裕雖於孝欽為姑侄，亦不甚得寵。醇親王奕譞薨，后當詣祭，每次犒賞門丁、僕媼須千金，隆裕空手而往，不攜一錢，皆王府代為頒給，隆裕不知也。後偵得其情，大慚。周年殷祭，措貲無所得，遂偽為有疾，不往。及宣統初尊立為皇太后，寵用內監張德，甫釋服即召進梨園，築長春宮，工費頗巨。復興宮市，聚歐美、蘇廣雜貨。時言路多以爭新法為急務，無暇發宮禁事者。

漢員不丁憂

舊制滿京員不丁憂，百日限滿即入署當差，緣缺多人少，其田宅、家族皆在京師，服官之地即守制之鄉，仍停其升遷，使無所歆羨。外官則開缺回旗，如漢制，固未嘗歧視也。自新法興，漢人不丁憂者多援滿制為口實。袁世凱之奪情，雖非金革之義，猶出自君命也。梁士詒、許秉琦皆斬然衰絰之中，一為陸軍部右丞，一為郵傳部參議。丞、參豈難任之職？梁、許豈不可少之才？自數人作俑之後，諱員調部者日益加多，其已任部事者，聞喪乞假一月，假滿仍入署支領薪金，靦然莫知為怪。長蘆鹽運使周學熙丁母憂，已開缺矣，聞有薦其名於朝者，即入京赴部投名考驗。學熙，周馥親子，又身任三品大員，本世臣也，而悖禮若是，他更何尤。

監國預防隆裕

隆裕初無他志，唯得時行樂而已，監國亦事之甚謹，無幾微隙也。後朝政亂，宗室多違言，頗有浸潤於隆裕之前者。於是外間哄傳滿洲八大臣聯名請隆裕垂簾如孝欽故事，監國大懼，已而知為謠言，然無日不惴惴。時鐵良罷歸私第，疑其與謀，一日傳旨召見，即出為江寧將軍。隆裕妹為載澤妻，嘗往來宮中通外廷消息，故載澤雖與載洵兄弟不合而氣焰益張，恃內援也。奕劻在光緒末年招權納賄，咸欲得而甘心，監國亦甚惡之。至是朝局大變，監國欲倚之以防隆裕，倍加優禮。前攻擊奕劻者，見善耆、載澤、載洵、載濤、溥倫諸王貝勒迭出，轉以恕詞加之，蓋以其受賄尚循資格，更變多持重，不敢生事也。

監國之黯

監國性極謙讓，與四軍機同席議事，一切不敢自專，躁進之徒或詣王府獻策，亦欣然受之。內畏隆裕，外畏福晉。福晉與老福晉爭權，坐視無可如何，載濤忿甚，操刀向福晉尋仇，幾釀大變。載濤歸自西洋，欲借國債，大張海、陸軍，並主張剪辮，廷議大嘩。載濤呶呶不休，監國避居三所，兼旬不敢還家，其狼狽如此。楊士驤倚袁世凱以治事，世凱既罷，懼甚，陰賄張翼求解於醇府。後數日，北洋摺上，大得褒獎，張翼力也。東三省總督錫良、湖廣總督瑞澂以疆事同時入見，召對時只尋常勞慰，無他語。瑞澂欲有所陳，監國曰：「汝痰病尚未癒乎？」蓋厭其煩聒也。出使日本大臣汪大燮屢疏密陳日本陰謀，皆不報。馳驛徑歸，請面對，詞極警動。監國默無語，徐以時辰表示大燮曰：「已十鐘矣。」一麾之退。其倏來倏去，聽其自便，不問也。余兩參粵督袁樹勛，皆不省。末一摺指山東、上海兩贓款，引載澤為證。次日，召載澤入見，以摺示之，載澤不敢隱。監國曰：「既確有此事，則不必交查可矣。」載澤出，以為必有處分，越數日寂然，摺仍留中。

京朝饋遺

嘉慶時抄沒和珅家產，有黃金百兩、白金萬餘兩。珅當國二十餘年，所蓄只此，歲不過萬金而已。王闓運嘗入肅府，見肅順受禮與近時懸絕，私語人曰：「余嘗遨遊公卿間，見咸同風氣，雖招權納賄中亦具先正典型。」詞雖近謔，實讜言也。自來貪賄之臣未有一舉而得十萬、數十萬者，聞光緒初年政府頗有私交，雖恭王不免，然當時督、撫入京，應酬政府，人不過三四百金，不受者卻之，受者報以貂褂一襲、鹿茸兩角，尚不失禮尚往來之意。嗣後乃有歲饋，亦只三節兩壽。最後指缺進賄，直與交易無異。且恐貨幣不足以動心，有借衽席為媚獻之地，如楊士琦、段芝貴、丁乃揚之流，蓋愈趨而愈下矣。

外黨

張敵勢以欺嚇人主，自戰國以來多用其術，然未有如今日之甚者。策士好談形勢，皆云莫強於德，莫富於美，莫狡於日本。我國媚外營私，亦卒不出此三黨。美黨多廣東人，唐紹儀為之首。紹儀初奉命聯美，事極秘，莫有知其詳者。已聞袁世凱出軍機，狼狽歸，事遂未成。後載濤赴美考查海軍，張蔭棠方充使差。蔭棠與紹儀為聯盟兄弟，亦粵人也，陰賄西報極言聯美之利，設詞甚巧。載濤不知報館機關，誤以為實，歸言於監國，遂援紹儀再出為尚書，主借美債六百萬。然美實無意聯我，經營數月，終不得要領。日黨以那桐為首，李家駒、曹汝霖、楊度、汪榮寶及外務部、憲政館諸人多附之。正金銀行供其賄賂，汝霖用至百萬。德黨以廕昌為首，陸軍部附者甚多，故新軍悉用德操。聞德太子來遊，預籌二百萬金辦供帳。日人恐中、德合交，乃造鼠疫以阻之。要之，內政不修而恃外援以自懈，古未有不亡者。狡兔營窟，藉此為寄孥遷賄之所，奸人自為計則得之矣，安論國際哉！

宣統初年朝士

新政興，名器日益濫。京朝官嗜好不一，大約專以奔走宴飲為日行常課，其稍能自拔於流俗者，講詩詞有福建陳閣學寶琛、陳學部衍、四川趙侍御熙、廣東曾參議習經、羅員外惇曧、黃員外孝覺、溫侍御肅、潘主事博、湖南夏編修壽田、陳部郎兆奎、袁戶部欽緒、章郎中華、江西楊參事增犖。講古文者有林教習紓、陳教習澹然、姚教習永概。講漢學者有貴州程侍講棫林、福建江參事翰、江蘇張教習聞遠。講宋學者有湖南吳郎中國鏞、浙江夏主事震午、湖北周主事景濤。講史學者有廣西唐尚書景崇、山東柯參議劭忞、江西龍中書學泰。講國朝掌故學者有浙江汪中書康年、江蘇冒郎中廣生、劉京卿澄如。講目錄學者有江蘇繆編修荃孫、山東徐監丞坊、湖北陳參事毅、王推事基磐、江西雷員外鳳鼎、熊教習羅宿。講六朝駢體文者有江蘇孫主事雄、山西王推丞式通、四川宋觀察育仁、江西黃主事錫朋、廣東梁員外志文。

講箋注考據者有陳參議毅、蘇員外輿。講繪畫學者有安徽姜孝廉筠。講輿地學者有湖南韓主事樸存、譚教習紹裳。講金石兼工書法者有浙江羅參事振玉、江西趙內翰世駿。講詞章兼通政事、志趣卓然不為時俗所污者有安徽馬主事其昶、湖南郭編修立山、江西劉監督廷琛、魏推事元曠、湖北陳員外曾壽、甘肅安侍御維峻，次則貴州陳給諫田、廣西趙侍御炳麟、湖南鄭侍讀沅、鄭編修家溉、胡參議祖蔭、江西華編修焯、廣西廖郎中振矩、四川喬左丞樹枬。其人品不盡純粹而稍具文才者有汪參議榮寶等，其人品學問俱好而文才稍遜者有吳國鏞等。其餘與余同時在京而不相聞知者蓋亦有之，然大概具於此矣。辛亥出京時，訪友於馬通伯，據云有武昌饒學部叔光、華亭錢徵士同壽、濰縣陳徵士星爛，皆君子人。鮑心增簡放萊州時，為余述三士，一廣東許主事汝棻、一廣東駐防平學部遠、一貴州駐防雲編修書，唯平學部有一面之交，餘皆未之見也。

孝欽仇恨外人

康黨既敗，太后再出垂簾，外人頗有違言，上海各國領事因欲聯盟逼太后歸政。江蘇道員羅嘉傑聞其謀，密告政府。電函為端郡王載漪所見，懷以奏太后，太后大惡之，噤不敢發。及己亥謀廢立，英公使私探其情於李鴻章，鴻章力辨其誣，因留之飲酒，徐試之曰：「頃所言，僕實毫無所聞。設不幸而中國果有此事，亦內政耳，豈有鄰好而肯干人內政乎？」英使曰：「鄰國固無干與之權，然遇有交涉，我英認定光緒二字，他非所知。」鴻章以告榮祿，為太后所知，益恨之刺骨，此庚子拳匪之禍所由來也。

張翼倚醇府勢盜賣官礦

載灃初監國時，咸謂宜移宿宮中，太福晉不許。其弟載洵、載濤倚太福晉勢，肆意要求，監國不能制也。監國正福晉即榮祿女，亦時與外廷通關節，有所祈請，監國以二弟故，不得不屈意從之。於是太福晉毀福晉，又毀載洵、載濤，監國大為所困，嘗避居三所，累日不敢歸。張翼舊在醇府飼馬，官至內閣侍讀學士。庚子亂時，盜賣開平礦產，為袁世凱所參，入英涉訟經年，久之始議贖回。至是恃監國寵，與英商勾結為奸，力護前非，主中外合辦。直隸士紳聯名力爭，監國不能詰，卒從老福晉言，徇翼謀，悉依前約。凡開平附近之唐山、西山、半壁店、馬家溝、無水莊、趙各莊、林西等處地脈相接數十里之礦產，以及秦皇島通商口岸地畝，與承平、建平金銀等礦，悉歸英公司掌握。中國自辦礦務以來，唯開平獲利，至是竟不能保，聞者恨之。

張袁相惡

袁世凱忌張之洞譽望出己上，嘗語人曰：「張中堂是讀書有學問人，僕是為國家辦事人。」意蓋譏其書生迂闊，不達事情也，之洞聞而惡之。太后之病亟也，已屬意今上，恐為奕劻所撓，命勘陵工，密召之洞、世續夜半定策，不及世凱。世凱既不與定策功，意頗怏怏。載灃監國之初，推心以任之洞，之洞與監國密商處置世凱事，累日不決。其孫君立浼之御史趙炳麟，炳麟曰：「是可撼也。」猶恐勢孤不勝，後邀陳、田兩人同日各具一疏參之。疏上，世凱果罷。初，田未具疏時，往謁之洞，極言世凱之奸。之洞曰：「袁公知兵，習夷情，亦朝廷不可少之人。」田又極言其挾外交自重、誤國欺君各款，之洞掀髯笑字田曰：「松山持論不必過激，君讀史人，豈有樞輔重臣，朝廷肯輕聽一言官之辭遽行易置乎？」田出，大罵之洞袒奸庇惡，與世凱結為一黨，而不知其內謀如是之秘也。

江蘇兩巨紳

江南之政，敗於張之洞，大壞於端方。及張人駿繼任，惴惴唯恐得罪。或獻謀曰：「江北巨紳曰許鼎霖，江南巨紳曰張謇，公能籠絡此二人，則高枕無憂矣。謇嘗營一大宅，所費不過四五萬金，端方輒予十二萬金購歸公家，此籠絡之術也。」

政出多門

孝欽訓政時，權盡萃於奕劻，凡內外希圖恩澤者，非夤緣奕劻之門不得入。奕劻雖貪，一人之欲壑易盈，非有援引之人亦未易攫身而進。至宣統初年，奕劻權力稍殺，而局勢稍稍變矣。其時親貴盡出專政，收蓄猖狂少年，造謀生事，內外聲氣大通。於是洵貝勒總持海軍，兼辦陵工，與毓朗合為一黨；濤貝勒統軍諮府，侵奪陸軍部權，收用良弼等為一黨；肅親王好結納勾通報館，據民政部，領天下警政為一黨；溥倫為宣宗長曾孫，同治初本有青宮之望，陰結議員為一黨；隆裕以母后之尊，寵任太監張德為一黨；澤公於隆裕為姻親，又曾經出洋，握財政全權，創設監理財政官鹽務處為一黨；監國福晉雅有才能，頗通賄賂，聯絡母族為一黨。

以上七黨皆專予奪之權，葺闒無恥之徒趨之若鶩，而慶邸別樹一幟，又在七黨之外。海軍本肅王建議，載洵等出而攘之，故用載洵為海軍大臣，派毓朗、載澤專司訓練禁軍大臣。朗好談洋務；澤，載振弟也。載濤見載洵等已握兵權，恐遂失勢，爭於攝政王前，幾有不顧而唾之勢。王大窘，次日，復加派濤管理軍諮府。唯溥偉以倔強與諸王不合，只派禁煙大臣，權力在諸王下。當時朝士議論，皆言慶黨貪鄙，肅黨齷齪，兩貝勒黨浮薄。澤公受人播弄，所識拔若熊希齡、丁乃揚、陳惟彥之徒皆極陰險。其初出任政頗有廉謹之名，後乃揚飾美姬以進，亦欣然受之。

言路盛衰

言路至同治末年而盛，至宣統初年而極衰。恭親王奕訢當國時，太后示以諫章，輒叩頭曰：「我輩當自省，毋令外廷多言。」故當時鮮有敗德。穆宗既親政，念兩宮訓政之勞，欲修復圓明園以資頤養。辭非不順也，言者交章諫阻，頗以土木為戒，最後御史游百川一疏，言尤悚動。穆宗召百川人，告以內情，百川曰：「無已，則西苑猶近宮中。」即南海子也。穆宗佯為不解，取御筆令百川書之，懷以謁兩宮，意欲藉外廷清議以罷此役，當時視言路之重如此。

光緒時仍循用舊法，雖末年不改，故蔣式瑆參奕劻寄私賄於滙豐銀行，命鹿傳霖查辦；趙啟霖參奕劻父子受賄營私，派孫家鼐查辦，未嘗不示天下以公也。至載灃攝政之初，江春霖以參奕劻被斥，旋告養去，士林互相褒重，作為詩歌，祖餞無虛日，報館又極力張揚，朝廷醜聲大播。自是凡言路章奏稍有關係者，悉留中不發，亦不譴及言者。於是老於諫垣者若左紹佐、陳田諸人皆噤不發聲，唯新進入臺者銳欲以言自見，時一上陳，久亦稍稍厭矣。

張之洞抑鬱而死

張之洞晚年見新學猖狂，頗有悔心。任鄂督時，指駁新律，電奏凡百餘言，詞絕沉痛。及內用，管理學部。學部考試東洋畢業生例派京官襄校，司員擬單進，之洞指汪榮寶名曰：「是輕薄子，不可用！」取朱筆抹之。顧滿尚書榮慶曰：「我翰林院遂無一堪勝此任者乎？何必是！」自新名詞盛行，公牘奏稿揉和通用，之洞尤惡之。一日，部員進稿中有「公民」二字，裂稿抵地，大罵。然新政倡自湖北，廢科舉，專辦學堂，事極孟浪，實由之洞主持。既提倡在先，不能盡反前議，袖手嗟嘆而已。

及袁世凱既罷，無人掣肘，自料可伸己志，已而親貴盡出攬權，心甚憂之。軍諮府之設，爭之累日不能入，唐紹儀為世凱死黨，監國欲委以津浦鐵路，之洞不可，紹儀聞而銜之。先是，粵漢鐵路拒美款，本謂收回自辦，旋以款絀又改借英債，皆之洞為政，紹儀因是嗾美使詰路事以撼之洞。之洞生平多處順境，晚歲官愈高而境愈逆，由是鬱鬱成疾。疾甫作，即知不起，急將平日詩稿自編為《廣雅堂集》。計其在位先後幾五十年，官至大學士兼軍機大臣，臨死乃欲與文士爭名，其自處蓋可知矣。

孝欽優容慶邸

庚子之亂，儀鑾殿毀於火。太后歸自西安，念及舊時居處，淒然不樂。從李蓮英言，出宮帑五百萬金付奕劻重建，奕劻與蓮英朋侵其半。太后嘗語人曰：「奕劻藉朝廷勢，罔取金錢，是誠負我。今我奪奕劻位以畀他人，他人遂足信哉？」奕劻好利之名蓋早達慈聽，而宮闈受其賄賂數亦不貲，言路不知內情，往往摭其貪黷各款彈之，固太后所厭聞也。瞿鴻禨出軍機時，太后迫於眾議，欲並奕劻罷去，召見孫家鼐、世續、鹿傳霖，以密旨示之，令公薦堪勝樞務者一二人。家鼐等惶悚不敢任咎，傳霖反極力保全奕劻，太后之意遂阻。

盛尚書誘騙澤公

盛宣懷既失鐵路之利，鬱鬱不伸者累年。已而袁世凱黜，載澤與粵黨爭權，窺其有隙可乘，遂賄載澤六十萬金，起用為郵傳部尚書。載澤知宣懷多財善賈，因出宿儲合成百萬，託其存商生息。宣懷極讚萍冶礦局之利，給以股票一張。國變後排滿之風日熾，悉侵沒為己有，載澤不敢校也。

主持新法罪魁

自古變法，必有一攬權專斷強有力之人主持其間，如秦之衛鞅、漢之王莽、宋之王安石皆是也。主持者一敗，其勢立轉。獨光緒變法與前代不同。張之洞提倡報館，力主廢科舉、辦學堂、派學生出洋，張百熙繼之，諸新黨半出其門，炙手可熱，傾動一時，而二張則既死矣。袁世凱倡議派五大臣出洋考察憲政，丙午提兵入京，大亂官制；端方搜括民財，肆意鋪張，學堂、報館、警察、新軍，糜費不知凡幾，而袁、端則既罷矣。宣統初年，在朝並無一貴幸大臣能以權力主持變法者，其餘附和諸奸若李家駒、汪榮寶、吳廷燮、曹汝霖、董康之流，皆阿附取容，一旦不用，取而棄之如孤雛耳。

新政之害，已情見勢絀，督、撫知之，政府知之，攝政王亦知之。京師官三五雜坐，莫不捰手叱罵。其實罵新政府者無一非辦新政之人，即無人不享新政之利。遊東洋歸者罵留學生，而鑽營求差自若也；在學部當差者罵學堂章程，而擬稿批呈自若也；在法部當差者罵新律，而援引聽斷仍自若也。舉一國之人，如蜩如螗，如沸如羹，妖由人興，事極可怪。當世凱去位時，幕客代擬疏謝恩，中有「屬當憲政垂成之時，正值兩宮升遐之日」二語，世凱大懼，急取筆塗去「憲政垂成」四字，易以「庶政待理」，乃知立憲一事並非世凱本心，不過藉以翻亂朝局，既罷則防後禍，不敢以此自坐也。

貽穀參案

近數十年來大臣贓款累累，雖屢見言官參摺，卒以查無實據了之，未有能破案者。□□墾務大臣貽穀為副都統□□所參，詔鹿傳霖查辦。傳霖力矯時弊，不肯假借一詞，凡貽穀任內劣跡，雖原參所未及者悉以上聞，據稱貪贓至二百餘萬，遂下刑部治罪，論者料其必誅。而貽穀出榮祿門，素通聲氣，京內要人多為之緩頰，其子侄布在朝列，代撰冤詞，四出布散。法司遂為所動，欲輕減其罪，而傳霖方在軍機，乃藉諮查款目為名，懸案至三年不結，監國亦勿問也。或囑余具疏言之，余曰：「貽穀案必俟鹿中堂出軍機方可議結，言之何益？」已而傳霖薨，廷杰為法部尚書，未及一月而貽穀定罪發邊充軍，果如余言。

當傳霖赴邊查辦時，樊增祥實從。或云增祥初與貽穀同在榮幕，一夕談及舊事，極言官不可為。貽穀笑曰：「君既不願做官，何不學孟襄陽夜歸鹿門？」蓋譏其諂事傳霖也。增祥引為大恨，至是遂藉手報復，陷其罪至死。增祥人雖狡險，究不可因此遂寬貽穀之罪。貽穀遣戍時，監國尚欲全之，廷杰力持不可。未幾，杰死，遂不予謚。

鄭蘇龕好為大言

閩人鄭孝胥，字蘇龕，能詩，工書法，薄有文才。歷遊江南、湖北、廣西、奉天等省，為張之洞、岑春煊諸疆帥所知，蓋幕府才也。辛亥入京，建兩大策，竦動公卿。其第一策曰：「中國地非不大，民非不多，其所以見欺於列國者，兵弱故也。兵何以弱？由於器械不精也。直隸、廣東、湖北、江南四省雖各設製造局，糜費多而出物少，其何能與各國爭？今當盡撤四省之局，括其財，益以部帑，請一西人設廠包辦，與之定約：每月支款若干，交槍炮若干，以若干年限。如此則費省而軍裝日富，始可與言強兵。」其第二策曰：「國力之強全在鐵路，交通幹路之外，各省支路皆須同時並舉。今之辦鐵路者多以省分為界，爭競多則用人不公，財力薄則假貸無門，半途而輟，訟獄滋興。宜一並收為國有，大借外債，用西人包辦。十年之後，全國鐵路交通，兵機迅速，百貨流通，如此始可與言富國。」當孝胥建此二策時，余方整裝出都，閱數月，聞孝胥簡放湖南巡撫。

四川爭鐵路，亂民大起，圍成都，蓋孝胥第二策行而天下已亂。郵傳部尚書盛宣懷因此受天下重詬，孝胥亦伏匿上海，終日閉海藏樓，不敢妄言天下事。

宗人貧乏

皇族中有所謂「黃帶子」者，即宗室也，皆世祖子孫，身繫黃帶；有所謂「紅帶子」者，即覺羅也，皆太祖子孫，身繫紅帶。有所謂「入八分公」、「不入八分公」者。余初不解所謂，後詢八旗長老，乃知八分之制，一曰冊寶、二曰家章、三曰朱輪、四曰紫韁、五曰升階、六曰納陛、七曰角燈、八曰尾槍，入八分者始得用之，不入八分者不敢僭也。舊制，皇族不得離城，不得經商，不得置產，不得外任，防範極嚴。後此例稍破，郎中文瀛、御史惠銘皆以京察一等簡放道府以去，而經商置產者無聞。生齒既眾，貧富不均，專恃公祿贍養，坐食無所事事，窘甚，多不能自給。

嘗有友人入內城赴宴，各徵一妓侑酒。門外車馬闐咽，忽見一豔妝少婦，年約二十許，乘紅托泥車揚鞭竟入。問從何來？曰：「王府街宗室某宅。」及入座，遍拜座賓，即侑酒者也。寶廷、盛昱在宗室中最負時望，昱死無後，意園其著書地也，家人圈豕其中，臭不可近。長子曰壽富、次曰富壽，俱殉庚子之難，兩婦孀居，皆聯元女，借十指營生。其先世故人、門生有往視者，給以錢米，流涕而去。

翁師傅晚境

翁同龢起貴介，不問家人生產。晚年罷官家居，薄田數頃，不足供家用，歲暮大困。無子，有侄曰曾桂，當同龢在軍機時，一手挈之以起。時任浙江藩司，缺甚腴，因貽書告貸。蘇、杭相距只一日程，竟置書不答。同龢憤甚，檢書畫、朝珠數事付質庫，始獲度歲。其門生故吏官京師者，多貴幸用事，聞其貧，相率醵資託昭文孫雄寄獻。雄亦同龢弟子，學駢文，宗孫洪派，既得資，盡乾沒之，不以告同龢。同龢沒後，書名大噪，一楹聯值二十金。存時雖極窘乏，以曾為帝師，入樞府，不便鬻技自給。生平好作詩歌，隨手取亂紙起草，積之盈篋，手自封儲。後被家人竊賣，剩縑零絹，散在四方，枉費心血，不能成集矣。

保薦人才

戊戌以後，兩次開經濟特科，一次保使才，一次開博學鴻詞科，采虛聲者十之二三，以私情相徇者十之七八，視科舉茸闒尤甚。及戊申詔舉人才，鑒於前弊，乃簡那桐、徐世昌、梁敦彥、俞廉三、嚴修等五大臣分期考驗。五大臣已不協眾望，初見如督、撫延接屬僚，略詢數言，率不得要領，故劉廷琛、喬樹枬、趙炳麟等雖皆被舉，率不赴驗。女子未嫁而遣人先辨其貞淫，稍知羞愧者宜拒媒不納，不必負絕人之資也。後資政院行選舉法，內有碩學通儒一門，得保者須呈驗著述。干榮希進之徒，竟有自編其考試應酬無聊之作，遍饋公卿以希薦達者，其卑陋如此。

廣東十姊妹

廣東女子多結盟不嫁，同時結盟者有十人，群稱為「十姊妹」，藏利刃於胸，或逼之嫁則取刃自刺，其堅悍雖父母不顧也。郵傳部尚書唐紹儀亦廣東人，廣交遊，善揮霍，每日四餐，每餐費十金，猶云無可下箸。庚戌，再起用入京，郵傳部營室以待。各工賈聞其將至，不謀而集，為之備廚傳、為之陳器皿、為之張設古玩字畫、為之點綴花木，凡室內所需之物，一日之間皆不徙而具。事畢，各以單至索錢，輒悉如其數予之，咸拍掌歡笑而散。紹儀本起貧乏，既驟貴，恣意奢侈，雖袁世凱不及。與同鄉張蔭棠、陳昭常、梁敦彥、伍廷芳、梁士詒等結盟為兄弟，斂錢購漢滬地皮，值數十萬金，約有難相濟，一切經營賄賂凡關涉進取者皆取給於此，粵人因戲以「十姊妹」呼之。宣統初年聯美之策，即其黨所主持也。

天閹

凡男子不能近女色者謂之「天閹」，同時在位大臣若大學士翁同龢、禮部侍郎張亨嘉、吏部侍郎于式枚皆患此疾。三人在光緒時頗有文采風流之概。同龢主持文衡四十年，江浙名士多出其門，片紙隻詞，見者爭相寶重。式枚從李鴻章最久，諳習國朝掌故，考察憲政歸，獨持異議，不肯隨俗俯仰。亨嘉篤嗜古書畫，嘗以八百金購王石谷山水八幅。或言賣者賄通姜筠慫恿亨嘉受之，實贗鼎也。亨嘉長者，不疑，仍與筠交好往來如故。余所知楚士若陳毅、蘇輿、郭立山等皆亨嘉視學時所取拔，湘人言近時學政，無有出亨嘉右者。今亨嘉、同龢俱憔悴死，唯式枚尚存，亦孤立無助。余在南方，不聞有閹疾，來京師數年始稍稍聞之。然此三人外亦別無所聞，豈奇疾獨鍾於方雅之士歟！聞德宗亦係天閹，疑莫能明。或宮人因其無子而誣之，未可據為實錄也。

保皇黨

康有為遁入南洋群島，斂錢數十萬，設保皇會，皆欺騙華僑之術，非真欲效忠故主也。同、光以來，內外重臣皆孝欽所親拔，德宗雖親政，實未敢私用一人，其勢固已孤矣。唯翁同龢以東宮舊恩極力保護，汪鳴鑾與同龢同鄉相親昵，張謇出同龢之門，志銳為珍妃親兄，文廷式與志銳為舊交。數人相比雖公私不同，皆以保皇自任，附之者只貝勒載澍、戶部侍郎長麟而已，餘皆孝欽耳目也。孝欽更變多，有事輒先為所覺。丙申逐長麟、鳴鑾，丁酉逐廷式、志銳，戊戌逐同龢、幽載澍於高牆，謇大懼，棄官還江南，託商務自隱，而保皇黨無一能自存者矣。有為後起，因廷式以通珍妃，因同龢以見德宗。是時，德宗羽翼已盡為孝欽所翦，有為敗，孝欽手無一兵，潛至宮中，制德宗如孤雛，居之瀛臺，在廷諸臣無敢為德宗進一言者。蓋保皇黨之誤，一誤於甲午之役，導珍妃奪嫡；再誤於戊戌之變，導德宗叛母，知其事者頗不直之。殆孝欽崩，移志銳於近地，赦載澍出獄，而同龢、長麟、嗚鑾諸人死已久矣。

言路報館罔利之術

民之所畏者官，官之所畏者，一曰言路，一曰報館。報館罔利之術，凡攻人過惡，必先隱其名而微諷之；不動則甚其辭，直敘其劣跡；又不動則指其名而大罵之。故官大而有力者，其於報館月必饋乾脩，或投資與之合股，或出重金鬻歸官辦。如端方、袁樹勛、蔡乃煌皆然，俗所謂「機關報」是也。官小而力弱者，遇事視輕重酬謝。善宦之人未有不聯絡報館者。言路罔利之術與報館蹊徑略同。初入臺，搜尋細故或州縣官小過，數數上疏。閱邸抄者見某御史時時遞封奏，咸推為敢言，爭以事相告。其初意在沽名，不能辨虛實，見即上之。交遊漸廣，往來書札漸多，稍加矜重，遂有以利進者矣。滿御史俾壽聲名尤劣，腹枵不能屬文，其疏稿皆李鍾豫代擬，後分賄不均，兩相口角，語浸達於外。臺長張英麟聞之，遂以京察被黜。其時祖法未盡破壞，言路、報館雖以不正行之，污吏猶知所懼而不敢誣及賢者。至宣統以後，賞罰日弛，諫官之言不能見納於上，報章之言不能取信於下，上下無所顧忌，吏乃橫行於此時矣。

宦途異數

近日宦途異數，多不可曉。有由捐納起家，甫握篆即為總督者。袁世凱初以監生報捐中書科中書，改同知，再捐候補道。甲午自高麗逃歸，擢寧紹臺道，旋升直隸臬司，留小站練兵，皆未蒞任。戊戌入康黨，由譚嗣同保以侍郎候補。尋奉命往天津，叛康附榮祿，遂署直隸總督，此一異也。

有官至巡撫未經引見者。舊例，凡正印官必引見，奉旨除授，方許赴任，雖八品鹽課大使亦然。張鳴岐以舉人入岑春煊幕，報捐道員，旋補右江道，遞升臬司、藩司，不二年遂至廣西巡撫，訖未一履禁地，瞻仰天顏，此二異也。

又有兄弟同官一省，同時互為總督者。趙爾巽既移督四川，其弟爾豐方為建昌道，竟不迴避，改為邊務大臣。爾巽入京陛見，即以爾豐護總督；爾巽調東三省，即以爾豐補授四川總督；以封疆重任，乃兄弟私相交代如此，此三異也。

又有本省人同時為本省兩司者。江西藩司劉春霖，本吉水人，其曾祖商販在外，遂寄籍貴陽。臬司陳夔麟，崇仁人，父官貴州，遂家焉，其宗族、邱墓、姻親故在。二人自請迴避，皆不許，此四異也。

三菱公司

湘潭趙啟霖、莆田江春霖、全州趙炳麟同時為諫官，甚相得，號稱敢言。京師人爭目矚之，因假上海洋商標記，共呼三御史為「三菱公司」。啟霖美文辭，溫慎如好女子，不妄與人交，入臺不一年，以劾奕劻父子罷職。炳麟汲汲好名，視趙、江稍馳騖，所著書秘不示人，多記國朝掌故，然文筆不甚雅馴。春霖剛直使氣，好飲酒，飲數斗不醉，酒半輒掀髯指罵王公，聞者咋舌。婦死不再娶，僦居宣武城南，出無車，每上封事，夜半挾衣冠雇東洋車入宿朝房，雖大風雪如是。郵傳部尚書陳璧亦福建人，貧而鄙，甚畏言路。欲為春霖置妾，固辭。又贈以騾車，亦不受。平時外官循俗例所饋冰炭別敬悉謝絕之，而微行蹩　如故也。

銅元紙幣之害

錢幣之制，必鑄本與錢價相埒，乃可取信於民，久行無弊。古未聞有以圜法為利者。自鼇金輿，所收制錢每緡重至七八斤，外人潛運出口，銷化為銅，中國始憂錢荒。偷為一切取巧之計者乃倡議改鑄銅元，始行於湖北，每枚重二錢七分，當制錢十枚。較其贏絀，六倍其利不止。各省仿效行之，銅元餘利遂為入款大宗，端方、張之洞皆藉此以濟新政，於是局所增至二十餘處。奸商結黨盜鑄，或更從海外輸入，幣日益多，銀日益漲，每銀一兩易錢至二千。物價既昂，商業大窘。舊例，各州縣丁糧，民間輸錢而司庫收銀，銀價既高，地方官入款頓絀，不敷解繳，拙者坐困，巧者遁而之他，吏治亦大壞。度支部憂之，乃請旨停鑄，只留天津一廠歸部臣督辦，停鑄未及一年而戶部設大清銀行、各省設官銀號，內外庫空如洗，官私通行紙幣。主其事者侵盜無厭，或奸宄偽造，紛然莫可究詰，小有驚變，人情洶洶，百貨不流，商店相率倒閉。蓋始之創行銅元，以三錢鑄本強作十錢之用，民已不堪，至官票行，但憑一紙空券攘取民間貨物，直與虜略無異矣。主張新法者方以銀行為莫大經濟，至設專門學堂以資造就，其荒誕不經，殆有非思議所能及者。

軍機不勝撰擬之任

國初未設軍機，多由南書房擬旨。故高士奇在南齋頗招物議，有「萬國金珠貢淡人」之謠，「淡人」蓋士奇字也。雍正時，張廷玉為軍機大臣，攜編修戴衢亨等入直，代司撰擬，尚無章京缺額。然雍、乾兩朝詔諭反復詳盡，用一人必宣示其所以擢用之故，行一政必表白其所以不得不行之苦心，其戒飭臣工，懇切如家人父子。有一詔長至數百言或千餘言者，疑皆出自宸斷，非軍機所敢擅擬。光緒初年，潘祖蔭、翁同龢號稱績學，頗工詞藻。戊戌後，榮祿當國，嘗在私第擬旨，同僚皆不與知。瞿鴻禨稍具文才，亦莫敢表襮，至榮祿死，始稍稍秉筆。同時榮慶自以翰林起家，頗欲自試，每成一稿，鴻禨徑塗改之，不少假借。慶自顧不如，亦不敢爭。鴻禨罷，張之洞、袁世凱相繼入軍機。之洞暮年才盡，執筆沉思，終日不成一字，世凱從旁笑之，亦莫能讚一詞也。之洞所擬德宗遺詔，自稱「在天之靈彌留不起」，讀者皆掩口而笑。

十餘年來，朝政不綱，直視樞務為例行公事，凡執旨批答輒令章京檢成案改易數字以進，無成案者，諸大臣各出私見，湊綴成文，不必其能動人也，但求畢一日之事而已。故有此督、撫所參之員彼督、撫旋即保奏，彼省奏撥之款此省旋即截留，又有甲部奏定之章乙部旋即議改，從無嚴旨詰責之事。載灃初攝政時，興致甚高，凡批答各省章奏，變「依議」曰「允行」，如史臣記事之體，摺尾恭譽套語輒加濃圈。後亦稍稍懈弛，視德宗時尤甚，雖交議交查密旨，或累月經年不覆，亦若忘之，無過問者。浙江巡撫增韞請簡王豐鎬為交涉使，奏朱批：「著照所請。」二品大員不見除授之旨，聞者莫不怪詫。舊制，凡屬參案，雖一典史疏防越獄，必明降諭旨，用示懲戒。兩廣總督袁樹勛被彈，密旨交瑞澂查辦，內外莫不注意。及瑞澂查覆請旨，亦隨摺批曰「著照所請」，無後命。己酉兩宮大喪，民政部請獎出力司員凡百餘人，禮部亦如之，乃部臣違例濫邀恩澤之舉，非議案也。奏入，均奉旨依議。余在吏部時，嘗見部中有舉兩例雙請之摺，旨下依議，部臣亦不再請，巧者遂以矇混為得計矣。

兵變

新軍之亂，始於安徽炸殺巡撫恩銘。藩司馮煦收關防，不動聲色，執首禍徐錫麟誅之，亂乃定。此光緒三十二年事也。宣統二年，湖南逐巡撫岑春煊，擁戴藩司莊賡良為巡撫，名曰饑民，實新軍主之。是年，廣東新軍與巡防營大戰於省會，死百餘人，閉城三日，此可以懲矣，而籌款徵兵、設軍諮府，主張中央集權，盡奪督、撫兵柄，玩寇如故。七月，蜀中亂民勾結新軍圍成都，各州縣同時響應，此宜稍知懼矣，而各省解散防營，搜括騷擾如故，殆武昌失守，兵不能見信於官，官亦不敢倚兵自固，上下互相疑貳，黠者鼓煽其間，遂不謀而合，十八省同時告變而天下皆成土崩矣。江西巡撫馮汝騤，初聞鄂亂，召集各將領痛陳君國大義，饋羊酒入軍營，冀結其歡心。軍士已私應革黨，語其儕曰：「此餌我也，吾其為猩猩矣！」飲數巡，稍稍散去。是夕，遂攻撫署，南昌不守，汝騤走死九江。

辜鴻銘堅拒袁黨

辜鴻銘出洋最早，能通數國語言文字。辛亥冬，張謇、唐紹儀皆聚上海，極力效忠於袁，欲羅致鴻銘入黨，因設宴款之，啗以甘言，且引孟子「君之視臣如犬馬，則臣視君如國人；君之視臣如土芥，則臣視君如寇讎」數語以動之。鴻銘曰：「鄙人命不猶人，誠當見棄。然則汝兩人者，一為土芥尚書，一為犬馬狀元乎？」擲卮不辭而去。

瑣記

張裕釗、吳汝綸先後掌蓮池書院，王闓運掌尊經、船山兩書院，王先謙掌校經堂，皆培植人才不少。至學堂興而師禮廢喪殆盡，稍知自愛者皆裹足不前矣。

金川平，始立健銳營；緬甸平，始立火器營。皆乾隆時兵政，相沿至今不改。

端方奏：「江寧省會為東南之望，關於學務一切並計歲支僅百七十萬金，似不為多。」（見光緒二十四年二月二十一日《官報》）此人眼孔雖大，良心則盡喪矣。

朝廷不知採用何人之策，忽思經營衛藏，拔趙爾豐為邊務大臣。駐邊三年，縻款濫殺，大失邊民心。初由各海關撥開辦費百六十萬，度支部又歲籌常年經費五十萬（見三十四年二月二十六日《官報》），其兄爾巽方督四川，又傾司帑濟之，蜀人銜之刺骨。

張蔭桓好畫，蓄王石谷真跡至百幅之多，因自名其所居曰「百石齋」。後謫新疆誅死，盡流落關外矣。

張佩綸為講官時屢參李鴻章，及其敗也，鴻章棄前怨，延之課子，且贅為婿，當時有「西席作東床」之謠。或云：法越之戰，鴻章實陰梶之，事後恐為佩綸所持，故不得已而出此。

鹿傳霖、錫良素稱廉謹，皆大臣中之稍負時望者，獨闇於知人，殊不可解。傳霖密薦三人，一江寧布政使樊增祥、一廣西巡撫沈秉堃、一江蘇巡撫程德全。增祥屢被彈奏，沈、程則效力亂黨，儼然以佐命自居。錫良白首出關，乃調用鄭孝胥、熊希齡、楊度。人固未易測耶！

宣統初，凡各省督、撫請將某員宣付史館立傳，或請昭雪獲戾罪臣，皆不下部議，即降旨：「著照所請。」朝廷蓋視此等表揚為無足輕重之事，名教掃地盡矣。

載澤既管度支，建兩大策：一設各省監理財政官，盡奪藩司之權；一設鹽政處於京師，盡奪鹽政鹽運使之權，即所謂中央集權是也。

戊申達賴入覲，從者數百人，沿途供給及臨行賞賚費用不貲，猶不能結其歡心。所進表文，辭多不遜，亦優容之，無敢駁詰者。曩時州縣供給使差，率多賠累，是役准報部作正開銷，沿途州縣官反獲大利。及歸，改使由京漢路易長江輪船入蜀，免其途中騷擾。

監國派新講官十一員，一孫家鼐、一陸潤庠、一榮慶、一唐景崇、一朱益藩、一李家駒、一劉廷琛、一趙炳麟、一喬樹枬、一寶熙、一勞乃宣，分為八門，多偏重西學。初尚分班進講，後漸弛，只按期呈遞進章，如言官上封事而已。

汪兆銘謀炸殺監國，未成被執，釋勿誅。民政部肅親王善耆不交大理院，徑定罪監禁。及送獄，遣許世英語部臣：「此國事犯宜優待。」副大臣王垿忿曰：「我不知如何優待！」大臣沈家本明知不合法，亦默然不言，竟收受之。

善耆輕佻無威儀，自執鼓板與賽奴雜坐彈唱。光緒末年，日夜謀奪奕劻之席，財力大薄，不能敵也。

袁樹勛以順天府尹內召，奕劻求假五十萬金，不予，遂羈留不令赴任。後被舉為湖南鐵路總辦，臨行請訓，孝欽詢順天府事，對曰：「臣奉命此來，旅寓數月，尚未接印視事，未由知之。」孝欽愕然，始知為奕劻所抑。

御史劉汝驥放徽州府，入見。孝欽曰：「汝謁軍機乎？」對曰：「未也。」徐諭之曰：「軍機終須一謁。外官不比臺諫，當稍學應酬也。」

近世吳縣潘氏、常熟翁氏、嘉興錢氏皆父子相繼秉政，世以閥閱相高。自潘祖蔭死，翁同龢、錢應溥相繼去位，九列中遂無世臣。

光緒中葉，朝士多講金石，潘文勤尤篤好之。文勤既薨，家人相聚而泣曰：「先尚書身後一無所有，只無數破銅爛鐵，堆積書房，不能易鹽米也。」

張蔭桓由監生起家而為禮部侍郎，張翼由門丁起家而為內閣侍讀學士，自是仕途流品不分清濁矣。

孝欽定策立德宗時，召見群臣於養心殿，無敢持異議者，唯文祥言國家多難，宜立長君。孝欽佯為不聞，同列即叩頭而退。

有人遊廠肆，見吳大澂篆聯甚佳。問價，索番銀二餅，嫌其過昂。廠賈笑曰：「此在甲午以前，雖再倍其數不可得。自款日以後，求者漸稀，故所值只此耳。」

某巡撫入京陛見，過天津，李鴻章宴之。談及邊事，因問北洋戰兵可得幾何？鴻章笑曰：「苟延之局，何必認真。」既而引酒自酌曰：「失言！失言！當罰酒一卮。」

常州趙鳳昌年少美姿容，鄂督張之洞嬖之，用為內巡捕，所言無所不聽，群呼為「一品夫人趙氏」。

庚子之變，山西巡撫毓賢初擬遣戍，行至蘭州，有旨令就地正法。甘肅布政使李廷簫先任山西，賢舊僚也，勸令自裁。賢曰：「我大臣也，今有旨誅我而不延頸受刃，是朝廷之法不能行於臣下也。勉謝李君，毋以我為念」。賢死，廷簫私謂其親曰：「當山西拳禍初起，吾亦有地方之責，寧忍獨生？」亦仰藥死。

血歷史99　PC0694

新銳文創
INDEPENDENT & UNIQUE

國聞備乘：晚清政壇見聞錄

原　　著	胡思敬
主　　編	蔡登山
責任編輯	洪仕翰
圖文排版	楊家齊
封面設計	楊廣榕

出版策劃	新銳文創
發 行 人	宋政坤
法律顧問	毛國樑　律師
製作發行	秀威資訊科技股份有限公司 114 台北市內湖區瑞光路76巷65號1樓 電話：+886-2-2796-3638　傳真：+886-2-2796-1377 服務信箱：service@showwe.com.tw http://www.showwe.com.tw
郵政劃撥	19563868　戶名：秀威資訊科技股份有限公司
展售門市	國家書店【松江門市】 104 台北市中山區松江路209號1樓 電話：+886-2-2518-0207　傳真：+886-2-2518-0778
網路訂購	秀威網路書店：http://store.showwe.tw 國家網路書店：http://www.govbooks.com.tw

出版日期	2017年10月　BOD一版
定　　價	320元

Printed in Taiwan

國家圖書館出版品預行編目

國聞備乘：晚清政壇見聞錄 / 胡思敬原著；蔡
登山主編. -- 一版. -- 臺北市：新銳文創,
2017.10
面；　公分. -- (血歷史；99)
BOD版
ISBN 978-986-95452-2-8(平裝)

1. 晚清史 2. 野史

627.6　　　　106016273

讀者回函卡

感謝您購買本書，為提升服務品質，請填妥以下資料，將讀者回函卡直接寄回或傳真本公司，收到您的寶貴意見後，我們會收藏記錄及檢討，謝謝！

如您需要了解本公司最新出版書目、購書優惠或企劃活動，歡迎您上網查詢或下載相關資料：http:// www.showwe.com.tw

您購買的書名：＿＿＿＿＿＿＿＿＿＿＿＿＿＿＿＿＿＿＿＿

出生日期：＿＿＿＿年＿＿＿＿月＿＿＿＿日

學歷：□高中（含）以下　□大專　□研究所（含）以上

職業：□製造業　□金融業　□資訊業　□軍警　□傳播業　□自由業

□服務業　□公務員　□教職　□學生　□家管　□其它＿＿＿

購書地點：□網路書店　□實體書店　□書展　□郵購　□贈閱　□其他

您從何得知本書的消息？

□網路書店　□實體書店　□網路搜尋　□電子報　□書訊　□雜誌

□傳播媒體　□親友推薦　□網站推薦　□部落格　□其他＿＿＿＿＿

您對本書的評價：（請填代號　1.非常滿意　2.滿意　3.尚可　4.再改進）

封面設計＿＿　版面編排＿＿　內容＿＿　文／譯筆＿＿　價格＿＿

讀完書後您覺得：

□很有收穫　□有收穫　□收穫不多　□沒收穫

對我們的建議：＿＿＿＿＿＿＿＿＿＿＿＿＿＿＿＿＿＿＿＿

請貼
郵票

11466
台北市內湖區瑞光路 76 巷 65 號 1 樓
秀威資訊科技股份有限公司 收
BOD 數位出版事業部

....

（請沿線對折寄回，謝謝！）

姓　　名：________________　年齡：________　性別：□女　□男

郵遞區號：□□□□□

地　　址：____

聯絡電話：(日) ________________ (夜) ________________

E-mail：____